Vivir a través de la Palabra de Dios
Una introducción al salmo 119

Christopher J. H. Wright

Vivir a través de la Palabra de Dios

Una introducción al salmo 119

Ediciones puma

SERIE RECURSOS LANGHAM PREDICACIÓN

Vivir a través de la Palabra de Dios
Una introducción al salmo 119
Christopher J. H. Wright

Título original en inglés: Life Through God's Word: Psalm 119
Langham Partnership, Carlisle, Cumbria, United Kingdom
© 2020 Christopher J. H. Wright

© 2022 Centro de Investigaciones y Publicaciones (CENIP) – Ediciones Puma
Hecho el Depósito Legal en la Biblioteca Nacional del Perú N° 2022-13225
Primera edición impresa, diciembre 2022

Categoría: Religión - Estudios Bíblicos - Antiguo Testamento

ISBN N° 978-612-5026-25-5 | Edición impresa
ISBN N° 978-612-5026-26-2 | Edición digital

Editado por:
© 2022 Centro de Investigaciones y Publicaciones (CENIP) – Ediciones Puma
Av. 28 de Julio 314, Int. G, Jesús María, Lima
Apartado postal: 11-168, Lima - Perú
Telf.: (511) 423–2772
E-mail: administracion@edicionespuma.org
ventas@edicionespuma.org
Web: www.edicionespuma.org
Ediciones Puma es un programa del Centro de Investigaciones y Publicaciones (CENIP)

Traducción: Jim Breneman
Edición: Alejandro Pimentel
Diseño de carátula: Eliezer D. Castillo P.
Diagramación: Hansel J. Huaynate Ventocilla

Dedicado
al Equipo de Chad
del Instituto Lingüístico de Verano (SIL)

Contenido

Prefacio

Fue una sorpresa y un privilegio cuando en julio de 1998 Jonathan Lamb, por aquel tiempo presidente del Consejo de Keswick, me invitó a dirigir las lecturas bíblicas matutinas en esta ciudad. Acepté con mucho gusto. Sin embargo, mi entusiasmo se atenuó un poco cuando, más tarde, me escribió y me dijo que el Consejo quería saber si estaría dispuesto a considerar una serie de cinco exposiciones del salmo 119. Se trataba de un reto superior, por lo que pasó algún tiempo antes de que me diera cuenta de que bien valía la pena aceptarlo.

Pero ¿cómo debía llevarlo a cabo? Conocía la experiencia de un buen amigo que dirigió un estudio del salmo 119 con un grupo de unas veinte personas. Cada semana les pedía que memorizaran una de las veintidós secciones de ocho versículos del salmo, para luego escribir un poema que expresara su propia fe y sus luchas. Cuando se reunían, cada uno recitaba su poema y los versículos pertinentes del salmo, y luego el grupo conversaba y oraba con base en aquella sección. Pero yo solo iba a hablar cinco veces en Keswick, no veintidós, y habría sido difícil manejar los varios miles de poemas personales de todos los asistentes. Así que hacía falta otra manera de abordar el asunto.

También estaba consciente de que no podía simplemente enseñar en cinco días versículo por versículo el salmo más largo de la Biblia. Así que lo leí varias veces, en mi casa, cuando viajaba en tren, en todas partes, hasta que finalmente algunos temas clave comenzaron a materializarse en mi mente. Luego estos fueron tomando la forma de cinco estudios bíblicos, los cuales ahora son las cinco partes de este libro.

Me alegra tener la oportunidad de poner el material en este formato para el estudio bíblico personal o grupal y para predicadores. La sección final, «La renovación personal y la palabra de vida», fue escrita en África en compañía de un excelente grupo de personas: el medio centenar de miembros del equipo de Chad del Instituto Lingüístico de Verano (SIL, por sus siglas en inglés). Fue de mucha bendición y ánimo escucharlos hablar sobre su trabajo de traducción bíblica en algunas de las tantas lenguas habladas en Chad que todavía no tienen la Biblia en forma escrita. Su compromiso con la Palabra de Dios, con su verdad, su pertinencia y su capacidad de dar vida una y otra vez, me hizo recordar el salmo 119. Estaban soportando algunas de las mismas luchas, tensiones y sufrimiento que soportó el escritor de este salmo. Así que les dedico este libro, con admiración por sus labores, con alabanza a Dios por lo que está logrando por medio de ellos, y con gratitud por una semana de bendición en su compañía.

Chris Wright
Mayo de 2020

Cómo usar este libro

El objetivo de esta guía de estudio es ayudar a cruzar el puente entre el mundo de la Biblia y el nuestro. La exposición del salmo 119 de Chris Wright vibra con significado para nosotros como creyentes en el siglo XXI. Las siguientes preguntas te ayudarán a relacionar los principios que él extrae a partir del salmo con sus propias vidas y situaciones. Puedes usar esta guía para tu propio tiempo devocional con Dios o con un grupo. ¡Disfruta de tu estudio!

Cómo usar este libro para el estudio individual

Comienza orando. Luego lee el pasaje y el comentario varias veces antes de mirar las preguntas. Quizás te resulte útil anotar tus respuestas y otras ideas que te surjan. Tomar nota te ayudará a reflexionar sobre los temas y cómo se aplican específicamente a tu propia situación. ¡También te animará a luego volver y repasar todo lo que Dios te ha estado enseñando!

Comparte con un amigo lo que estás aprendiendo. Oren juntos para que puedan llevar a la práctica todas estas nuevas enseñanzas a sus vidas.

Cómo usar este libro en grupos: recomendaciones para sus dirigentes

Como preparación para el estudio, eleva una oración a Dios y luego lee varias veces el pasaje de las Escrituras y el comentario pertinente. Usa otros recursos, como un diccionario bíblico o un atlas, si consideras que serán útiles. Cada semana prepara de antemano los materiales que necesitarás para el estudio: un rotafolio o papelógrafo, una pizarra, bolígrafos y papel, otras traducciones de la Biblia, música para alabar a Dios.

Al principio de cada capítulo hemos destacado el objetivo. Se trata de la esencia del pasaje y la verdad que querrás que los participantes de tu grupo logren aprender. Con esto en mente, decide a cuáles preguntas y actividades debes dedicarles más tiempo. Agrega preguntas que te parezcan útiles para tu grupo o para la situación particular de tu iglesia.

Antes de que se reúnan, anima a los participantes a que lean con anticipación el pasaje y el comentario que estudiarán esa semana.

Asegúrate de apartar tiempo al final del estudio para conversar sobre la sección «Para reflexionar», a fin de que los participantes puedan llevar a la práctica, a su propia situación, lo que han aprendido.

Cómo predicar el salmo 119

Una nota para los predicadores. Este libro ha sido publicado por Recursos para Predicación Langham, y hoy en día hay movimiento de Predicación Langham en todas partes del mundo. Animamos a que los predicadores se enfoquen en tres asuntos. Tengo la esperanza de que esta guía de estudio modele, de cierta manera, estos puntos:

- *¿Estoy siendo fiel al pasaje bíblico?* ¿Estoy reflejando el significado del pasaje para que mis palabras realmente expresen lo que el escritor original pretendía que sus oyentes originales entendieran?
- *¿Estoy siendo claro?* El modo en que presento el mensaje ¿está estructurado de una forma que ayuda al oyente o el lector a realmente entender la fuerza y el flujo del pasaje?
- *¿Estoy siendo pertinente?* ¿Estoy conectándome con la vida de mis oyentes, demostrando cómo el pasaje bíblico se aplica a los desafíos de sus vidas personales, familiares y de la iglesia, así como con el estado de ánimo y la cosmovisión de su cultura?

Estas tres preguntas son excelentes para cualquiera que pretenda explicar a los demás un pasaje bíblico, ya sea mediante la predicación, en grupos pequeños o en conversaciones uno a uno.

Introducción al salmo 119

Según cuentan, en la década de 1740, un pastor inglés llamado William Grimshaw se solía despedir de su congregación recitando un salmo mientras salía en búsqueda de aquellos miembros desobedientes que no asistían a la iglesia. Si había muchos ausentes y pensaba que la tarea tomaría algún tiempo, le decía a la congregación que recitara el salmo 119.

Todos saben que este es el más largo de todos los salmos. Incluso quienes solo le echan una mirada rápida se dan cuenta de que menciona la Palabra o la ley de Dios en casi todos los versículos. A algunos les parece repetitivo y aburrido y no les interesa investigar más a fondo, lo cual es una lástima porque el salmo 119 es en realidad un poema muy bien elaborado.

Lamentablemente, cuando lo leemos en una traducción, es difícil ver un aspecto importante de él: que ha sido compuesto como un acróstico en el que cada línea comienza con una letra del abecedario. Es decir, la primera empieza con «a», la segunda con «b», la tercera con «c» y así sucesivamente. La misma técnica se usa en los salmos 111 y 112, dos poemas complementarios que tratan, respectivamente, sobre la justicia de Dios y la de la persona que le teme.

Pero el autor del salmo 119 no estaba satisfecho con usar solo una línea por letra. ¡Tenía tanto que decir que necesitó ocho! Así que compuso una rica complejidad, un salmo con 22 estrofas (una por cada letra del alfabeto hebreo) y ocho líneas por estrofa. Por ello, muchas Biblias llevan el nombre o el símbolo de una letra hebrea al comienzo de cada sección de versículos del salmo 119.

Para enriquecer aún más su obra, el poeta descubrió ocho maneras distintas de referirse a la Palabra de Dios. Algunas tienen significados muy similares, ¿pero hay diferencias sutiles entre ellas. Aquí están, siguiendo el orden en que nos las presenta el salmo (la traducción en *cursiva* es la que usa normalmente la NVI).

Todas estas palabras se hallan entrelazadas y, como los hilos de un tapiz, dan textura y color al conjunto. Para usar una metáfora musical, podríamos decir que aportan el ritmo de fondo al poema.

Versículo	Palabra hebrea	Significado aproximado
1	*Torá*	La *ley* como un todo, cuyo significado básico es 'guía' o 'dirección'.
2	*'edot*	*Estatutos*, testimonios, testigo.
4	*Piqqudim*	*Preceptos*, instrucciones detalladas.
5	*Huqqim*	*Decretos*, grabados y vinculantes.
6	*Mitzvot*	*Mandamientos*, órdenes.
7	*Mishpatim*	*Leyes*, juicios, decisiones, precedentes.
9	*Dabar*	*Palabra.*
38	*'imrah*	*Promesa.*

Al analizar estas palabras, algunos podrían verse tentados a decir que se trata de un «salmo en honor a la ley», una especie de sermón árido y empolvado que fomenta la sumisión o, peor aún, el legalismo. Pero, de hecho, el salmo ni siquiera aborda directamente la ley. Aparte de los primeros tres versículos, se *dirige totalmente a Dios*. Las palabras más repetidas en el poema no son las dirigidas a la ley, sino el pronombre personal «tú» y el adjetivo posesivo «tus». Es decir, trata exclusivamente de una relación. Es una extensa oración, un testimonio, una súplica, una queja, una garantía que brota de una profunda experiencia personal y de una relación íntima con Dios. Esto es lo que deberíamos descubrir al estudiar con esmero este salmo juntos.

Entonces, ¿qué beneficio nos traerá empaparnos del salmo 119 sin importar el tiempo que nos tome recorrer este libro? Creo que descubriremos que refleja lo que quizá sea la experiencia que muchos creyentes comparten. En este salmo tenemos no solo a alguien que nos habla; también lo hace en nombre de nosotros.

¿Qué clase de persona podemos notar detrás de esta obra de arte poética? Creo que podemos ver:

- una persona con un fuerte amor por Dios y por la Palabra de Dios;
- una persona con un profundo deseo de vivir de una manera que agrade a Dios;
- una persona que sabe que esto traerá alegría, bendición, libertad y plenitud de vida;
- una persona que está dispuesta a caminar con rectitud y evitar hacer lo que es malo y pecaminoso, pero que necesita ayuda para hacerlo;
- una persona que está pasando por experiencias de estrés, dificultad, amenaza externa y miedo interno, agotamiento, fracaso y vulnerabilidad, y que está mostrando señales de depresión;
- una persona que anhela que Dios satisfaga esas necesidades y que renueve, proteja y sostenga su vida;
- una persona que sabe que Dios es amoroso, lleno de gracia, justo y misericordioso, y que lo sabe por las Escrituras.

Si alguna o todas estas características encuentran cabida en tu corazón, entonces este poeta será un buen compañero de viaje. Y si estás planeando predicar este salmo, es muy probable que haya personas en tu congregación que también compartan experiencias similares.

En lugar de tratar de recorrerlo versículo por versículo, me ha parecido mejor identificar algunos de los temas principales que se repiten una y otra vez y explorarlos en profundidad. Encontrarás que cada parte de este libro comienza recomendando que leas un fragmento del salmo que se enfoca en el tema que vamos a estudiar en dicha parte. Si te hallas estudiándolo con un grupo, podría ser muy útil que leas estos versículos en voz alta. Aquí están, de antemano, los temas que vamos a considerar. Vienen de a pares, reuniendo (a) las emociones y necesidades propias del salmista y (b) el aspecto de la Palabra de Dios que trata con aquellas emociones y necesidades.

Parte	Tema	Fragmento recomendado (versículos)
1	La entrega personal y la Palabra de verdad	57–64
2	La orientación personal y la Palabra de luz	97–105
3	El pecado personal y la Palabra de gracia	9–16
4	La lucha personal y la palabra de lamento	81–88
5	La renovación personal y la Palabra de vida	153–160

Antes de empezar con el estudio, sugiero que separes un tiempo para leer todo el salmo. Léelo lentamente y con agradecimiento. Trata de saborear los estados de ánimo y las emociones, y únete a la oración del salmista.

La entrega personal y la Palabra de verdad

Salmo 119.57–64

La entrega personal
y la Palabra de verdad

Introducción a la primera parte

Estoy involucrado en el mundo de las misiones transculturales desde hace mucho tiempo, en parte por mi labor en la India durante cinco años, pero mucho más por los trece años que trabajé en All Nations Christian College antes de unirme a Langham Partnership. Durante mi estancia en All Nations, así como en las visitas que realicé a mis exestudiantes en los lugares donde laboraban, me sentí fascinado y al mismo tiempo aleccionado en humildad al ver la profunda dedicación de parte de hombres y mujeres que servían en la misión, con una entrega que nacía de sus profundos valores y convicciones.

- Me causaron asombro los trabajadores médicos y paramédicos que se exponían a los horrores y peligros de Afganistán en sus peores tiempos, porque estaban convencidos de que todo ser humano, de cualquier fe, con todas sus extremidades o sin ellas, es valioso para Dios, por lo cual debemos amarlo y ayudarlo en nombre de Él. Uno de mis exestudiantes que estuvo en Afganistán compartió su experiencia a All Nations. Al final de su charla, de manera impensada tomó de su bolsillo unas balas y dijo que se las daría a cualquiera que estuviera dispuesto a orar por él. Las había extraído de las paredes de su dormitorio, de la pantalla de su lámpara y de su puerta cuando vivía en la zona de guerra.
- Leí las palabras de una partera que trabajaba en el desierto del norte de África y que sufría de terribles dolores lumbares. Relataba

el infinito valor de cada pequeño bebé que ella ayudaba a traer al mundo y el profundo dolor que compartía con cada madre que perdía un hijo o una hija de Dios.

- Vi a ecologistas cristianos sostener pequeñas aves con tierno afecto, convencidos de que toda la creación es valiosa, porque, si ni un solo gorrión cae a la tierra sin que nuestro Padre celestial lo sepa, entonces también los gorriones merecen nuestro cuidado.

- Escuché con atención el testimonio de una mujer que servía en Chad y que me contaba su sufrimiento con el síndrome de agotamiento crónico y otras enfermedades debilitantes mientras seguía traduciendo fragmentos de la Escritura a un idioma local. «A fin de cuentas, es la Palabra de Dios», dijo. «La necesitan. Dios me dio las habilidades para dárselas. ¿Qué más puedo hacer?».

Hay muchas historias como estas, las cuales reflejan una profunda entrega, y en todos los casos nacen de las más profundas convicciones de esas personas.

Es obvio que la persona que escribió el salmo 119 tenía una *entrega* total a Dios, con todo su corazón, alma, cuerpo, mente y espíritu, así como a la Palabra y los caminos del Señor. La razón de esta apasionada entrega no es difícil de descubrir. Se debe a que toda su *cosmovisión* se ciñe a la convicción de que la Palabra de Dios es verdadera y confiable. Toda la vida del poeta se desarrolla sobre la base de esta profunda certeza, pese a que a veces esa vida puede llegar a ser difícil e incómoda. La *entrega* a la Palabra del Señor nace de las *convicciones* acerca de ella.

Por lo tanto, estudiemos algunas de las maneras en que este salmista explica estas convicciones sobre la Palabra de Dios (que en este salmo muchas veces se la describe como «la ley de Dios»). Descubriremos que ella es el centro de atención de las creencias, la confianza, el amor, el gozo y la entrega obediente del salmista. Tenemos frente a nosotros a alguien que responde a la Palabra del Señor con su intelecto, sus emociones y su conducta. Tanto la cabeza como el corazón y las manos participan en ello.

Capítulo 1

La Palabra de Dios como el centro de atención de la fe y la entrega

Objetivo: Concentrarse en las cualidades extraordinarias de la Palabra de Dios.

Tema central

¿Qué valores consideras más importantes en tu vida? ¿La moral, la justicia, la igualdad, la evangelización? ¿De qué manera la Biblia forma tus más profundas convicciones y tu entrega o dedicación hacia ellos? Una afirmación clave desde donde podemos empezar nuestro análisis se encuentra en el versículo 66: «... yo creo en tus mandamientos».

Lee: salmo 119.89–96, 137–144, 151, 160

Versículo clave: salmo 119.66

Estructura

1. La Palabra de Dios es eterna y universal (vv. 89–91, 96)
2. La Palabra de Dios es recta y justa (vv. 128, 137–138, 172)
3. La Palabra de Dios es verdadera y genuina (vv. 142, 151, 160)
4. Conclusión

Cuando el salmista afirma «yo creo en tus mandamientos» (v. 66), quiere decir que tiene plena confianza en ellos, lo cual implica mucho más que una simple obediencia ciega a un conjunto de reglas. Lo que quiere decir es: «Entiendo estas palabras, estoy de acuerdo con ellas, me he entregado a su verdad y validez, confío en ellas, sé que puedo depender de ellas». Cuando afirma que todos los mandamientos de Dios son fidedignos (v. 86), recurre a una fe inteligente por causa de la confiabilidad de ellos.

¿Por qué el salmista posee esta confianza intelectual y moral en la Palabra de Dios? La respuesta forma parte de una cadena de versículos a lo largo del salmo en los cuales manifiesta su convicción de que esa Palabra es *eterna, justa* y *verdadera*. Veamos estas cualidades, una por una.

1. La Palabra de Dios es eterna y universal (vv. 89–91, 96)

La Palabra de Dios, sin duda, ha de compartir la naturaleza eterna y trascendente de Dios. Si solo hay un verdadero Dios viviente que es dueño de todo el universo, que lo gobierna y lo llena, entonces su Palabra debe ser igualmente universal. Y así lo afirma el salmista. Lee los siguientes versículos y considera sus enormes repercusiones.

> Tu palabra, SEÑOR, es eterna
> y está firme en los cielos.
> Tu fidelidad permanece para siempre;
> estableciste la tierra, y quedó firme.
> Todo subsiste hoy, conforme a tus decretos,
> porque todo está a tu servicio. (vv. 89–91)

> He visto que aun la perfección tiene sus límites;
> ¡solo tus mandamientos son infinitos! (v. 96)

> Desde hace mucho conozco tus estatutos,
> los cuales estableciste para siempre. (v. 152)

No debemos pensar que estos versículos dan a entender que las leyes de Dios son de alguna manera atemporales, como si fuesen principios abstractos sin relación con un contexto local en particular. Al contrario, todas se dieron dentro de una historia y una cultura específicas, por lo cual tuvieron una pertinencia tan precisa en ese momento. Sin embargo, por razón de ese fundamento original y específico, la Palabra de Dios tiene una calidad perdurable que sigue hablando con autoridad y pertinencia. Por ello, podemos leer las palabras que Dios pronunció por medio de Moisés en el monte Sinaí más de mil años antes de Cristo; las que expresó en Jerusalén mediante Isaías y Jeremías, siete u ocho siglos antes de Jesús; y las escritas por Pablo a los nuevos creyentes en Corinto unas cuantas décadas después de Cristo. Asimismo, incluso hoy, en aquellas palabras podemos escuchar a Dios que nos habla directamente a nuestros corazones cuando llegamos a oírlo adecuadamente. Eso es lo que observa el salmista. Aunque probablemente vivió siglos después de la entrega original de la ley, sigue afirmando su perdurable y universal pertinencia.

Otro salmista dijo que las leyes de Dios «son más deseables que el oro» y «más dulces que la miel» (Sal 19.10). El autor del salmo 119 podría haber cambiado la frase «los diamantes son para siempre» por «la Palabra de Dios es para siempre».

- - -

- Incluso lo máximo que los seres humanos pueden lograr tiene sus límites. En contraste, ¿qué dicen estos versículos acerca de los mandamientos de Dios? ¿Cómo le dan a la ley del Señor un marco universal?
- Considera la diferencia entre los contextos locales en los que se dieron los mandamientos de Dios y su pertinencia para todos los tiempos y lugares. ¿Por qué crees que el Señor dio su ley? ¿Cuál fue su propósito?
- ¿Cómo hemos de responder hoy a los mandamientos de Dios?

- - -

2. La Palabra de Dios es recta y justa (vv. 128, 137–138, 172)

La ley no solo comparte la naturaleza eterna y universal de Dios; también refleja su carácter moral, su rectitud, justicia, integridad y compasión. Y lo hace de manera total, objetiva y llena de propósito. Lee los siguientes grupos de versículos. Reflexiona respecto a lo que afirman y lo que el salmista responde.

> Señor, tú eres justo,
>> y tus juicios son rectos.
> Justos son los estatutos que has ordenado,
>> y muy dignos de confianza. (vv. 137–138)

> Por eso tomo en cuenta todos tus preceptos
>> y aborrezco toda senda falsa. (v. 128)

> Tus estatutos son siempre justos;
>> dame entendimiento para poder vivir. (v. 144)

> Que entone mi lengua un cántico a tu palabra,
>> pues todos tus mandamientos son justos. (v. 172)

Las palabras hebreas que se traducen como «justo» y «recto» se refieren al concepto respecto a cómo deberían ser las cosas realmente, a la noción que determina el patrón o la norma con la que todo lo demás puede medirse. En el contexto de este salmo, la Palabra y la ley de Dios presentan la norma con la cual se mide nuestro comportamiento. Constituyen la regla o la plomada. Es aquí donde sopesamos todas nuestras opiniones y preferencias respecto a asuntos éticos o de la moral.

Así que, debido a que la ley de Dios es recta, podemos confiar en ella (imagínate el asunto de las pesas y medidas exactas) y, puesto que el propio Señor es justo, su Palabra comparte la misma cualidad moral.

- ¿Cuál es el vínculo entre ser recto y ser digno de confianza? ¿De qué manera afecta esto a nuestra vida cotidiana (por ejemplo, relojes y balanzas)? ¿De qué modo influye nuestra confianza en la enseñanza moral de Dios en las Escrituras?
- ¿Cuál es la respuesta personal del salmista frente al conocimiento de que la ley de Dios es moralmente perfecta?
- ¿Cómo podemos imitar las respuestas del salmista en relación con la Palabra de Dios en nuestra vida? Imagina el equilibrio

que demuestra entre el esfuerzo moral (v. 128) y su abundante canto (v. 172).

- Reflexiona sobre tu vida del año pasado. ¿En qué momentos algún pasaje de las Escrituras sirvió como una «plomada» o una «regla» en tu vida y fue una norma de rectitud para tu actitud o conducta en alguna situación? ¿Hay algún pasaje de la Biblia que produce este mismo efecto en estos momentos?

3. La Palabra de Dios es verdadera y genuina (vv. 142, 151, 160)

Tu justicia es siempre justa;
tu ley es la verdad. (v. 142)

Tú, Señor, también estás cerca,
y todos tus mandamientos son verdad. (v. 151)

La suma de tus palabras es la verdad;
tus rectos juicios permanecen para siempre. (v. 160)

El versículo 160 dice literalmente en hebreo: «la cabeza de tu palabra es verdad».

Lo que el salmista está pensando no es tanto que cada palabra sea verdadera; más bien dice que la revelación plena de Dios respecto a sí mismo en las palabras de las Escrituras constituye la verdad y que por ello podemos confiar en ella para siempre.

Podemos definir la «verdad» como aquello que concuerda con la realidad; el fiel reflejo de algo que es. Esto significa que una declaración solo puede ser verdadera (o falsa) si se refiere a algo que es auténtico. Por ejemplo, la afirmación «el agua de mar es salada» es verdad porque el mar existe y los humanos lo han usado por mucho tiempo como una fuente de sal. Pero la afirmación respecto a que «las hadas tienen alas» no es verdadera ni falsa porque las hadas no existen (excepto en los cuentos para niños).

Cuando decimos que «la Palabra de Dios es verdadera» damos a entender que se refiere a la realidad, la final y definitiva de Dios, así como a su capacidad para comunicarse. También queremos decir que todo lo que enseña su Palabra es parte de aquella realidad. Revela la realidad de la creación, la realidad de nuestra vida humana hecha a imagen de Dios, la realidad de nuestro pecado y quebrantamiento, la realidad de la obra de Dios en la historia con el fin de redimir a la humanidad y a toda la creación. Estos hechos son reales. Así es como realmente son. De esta manera llegamos a estar donde estamos y de este modo Dios ha determinado conducir las cosas a donde planea llevarlas.

Entonces, cuando este salmista expresa estas grandes afirmaciones acerca de la Palabra de Dios, no se refiere tan solo a su precisión fáctica, sino que va mucho más allá. Lo que quiere decir es que él encuentra en la Palabra del Señor un registro veraz y confiable de «la realidad tangible». Y sobre ello construye toda su vida y su esperanza. Cualquier otra cosa es como edificar sobre arena.

- Los versículos citados en esta parte usan tres de las ocho palabras empleadas en el salmo 119 para referirse a la ley de Dios y afirman lo mismo que cada una de ellas, esto es, que son verdaderas. Compruébalo por ti mismo.
- Lee los versículos que anteceden a cada una de las secciones citadas. ¿Qué muestran acerca de las circunstancias del salmista?
- ¿De qué manera debería sostenernos en tiempos difíciles la confianza que tenemos en la verdad de la Palabra de Dios? ¿Puedes compartir ejemplos de la forma en que ella te ha sostenido?

4. Conclusión

Entonces, al unir estos tres puntos, nuestro salmista pone su mirada en la Palabra de Dios y la hace objeto de su total confianza. Es decir, la ve como una realidad sólida, objetiva y confiable.

- Es universal en su alcance y pertinencia.
- Es normativa: provee estándares morales y exige que se cumplan.
- Se puede confiar en ella respecto a sus afirmaciones sobre la verdad.

Ahora bien, se trata de afirmaciones con repercusiones muy amplias y, además, controversiales, por lo menos en Occidente. Muchos ahora creen que no hay una realidad trascendente y eterna, ni una moral universal y objetiva, ni una verdad absoluta o final. Consideran que la búsqueda de estas verdades irrefutables mediante la religión o la filosofía, o incluso la ciencia, es un error, algo que no tiene sentido y que causa opresión. Insisten en que ninguna cultura, religión o ideología (incluida la de la ciencia) encarna una verdad universalmente válida. Todo es relativo. Todo es parte del vaivén de las grandes mareas de la historia y la cultura. La vida es como una tómbola. Hay que disfrutar de su variedad mientras pasa, pero no se deben buscar los hechos trascendentes ni sus cimientos definitivos porque no los hay. No existe una realidad final y definitiva, sino solo imágenes. No hay una moral final y definitiva, sino únicamente lo que te produce beneficios. No existe una eternidad final y definitiva, sino solo la experiencia superficial del presente.

Frente a aquella visión de la vida, ¿cuál es la respuesta del salmo 119? Así nos responde este:

- Efectivamente, sí hay una realidad trascendente y eterna, esto es, el Dios viviente y personal, Creador y Redentor, a quien podemos acercarnos por medio de su Palabra.
- Efectivamente, sí hay una norma moral y universalmente pertinente cuyo peso recae en todo ser humano en toda época y cultura. Y esta norma está a nuestro alcance por medio de la Palabra de Dios, si bien es cierto que Él ha depositado la conciencia de ello en toda criatura hecha a su propia imagen (ver Ro 1.19–20).
- Efectivamente, sí hay una verdad objetiva, esto es, un registro, una explicación, una cosmovisión que concuerda fielmente con la manera en que realmente son las cosas, y tenemos acceso a todo lo que de ella podamos comprender.

El hecho de que nos adhiramos a esta cosmovisión, como todo el saber humano, se fundamenta en la fe, esto es, en una fe sensata y razonable. Podemos ubicarnos en esta postura y defenderla. Se trata de una posición sobre la que podemos edificar nuestra vida, nuestras preferencias y nuestro futuro.

Y en esta misma postura se ha posicionado el salmista. La Palabra de Dios es el centro de atención de su fe. ¿Allí nosotros también nos hemos ubicado?

Para mayor investigación

Lee *Levítico* 5.14–19; 25.8–31; *Números* 14.3–21 y
1 *Corintios* 11.4–10.
Respecto a aquellos pasajes bíblicos que no fueron escritos originalmente para nosotros, ¿cómo podemos descubrir que su mensaje sigue siendo pertinente y que ejerce autoridad en nuestras vidas? ¿Cómo cruzamos el puente desde su contexto específico a lo largo del propósito más amplio que Dios incluyó en las Escrituras hasta nuestras propias circunstancias actuales? ¿Cómo llevamos a la práctica estos pasajes en nuestros propios contextos? Intenta enumerar algunos ejemplos respecto a cómo funcionaría esto.

Para reflexionar

Jesús es la Palabra viviente de Dios (ver Jn 1) y dijo ser «el camino, la verdad y la vida» (Jn 14.6).

- ¿Qué aspectos de la Palabra de Dios, que hemos desarrollado anteriormente, se cumplen y se encarnan en Jesús?
- ¿De qué manera afecta esto cuando combinamos nuestra lectura de la Biblia con nuestra relación con Cristo y la obediencia a Él?

Una de las maneras en que podemos fortalecer la confianza que la gente tiene a la verdad de la Palabra de Dios y su entrega a creer en ella y obedecerla es predicar la Biblia con frecuencia. Si eres predicador, ¿es este tu claro y consciente propósito? ¿Y cómo podrías esforzarte hacia esta meta predicando este salmo?

Capítulo 2

La Palabra de Dios como el centro de atención del amor y la obediencia

Objetivo: Examinar cuán sólida es nuestra respuesta emocional y obediente a la Palabra de Dios.

Tema central

El salmista se deleita en la Palabra del Señor. La describe recurriendo a expresiones vistosas, cálidas y emotivas, y lo hace con mayor frecuencia cuando se refiere a la ley de Dios. Esto puede sorprender a aquellos que pensaban que en el Antiguo Testamento todo era cuestión de legalismos y una obediencia férrea a reglas externas. En este capítulo veremos cómo la ley de Dios es causa de alegría y gozo, así como el objeto de nuestro afecto y aprecio.

Lee: salmo 119.14–16, 20, 24, 34–36, 44–48, 72, 92–97, 103, 111–112, 127–131, 163–167

Versículo clave: salmo 119.97

Estructura

1. Nos regocijamos y deleitamos en la ley de Dios (vv. 14–16, 24, 35, 47, 70, 92, 143, 162, 174)
2. Amamos la ley de Dios (48, 54–55, 61–62, 93, 97, 109, 113, 131, 140, 163–167, 176)

3. Valoramos la ley de Dios (vv. 32, 45, 72, 103, 127)
4. Obedecemos la ley de Dios (vv. 2, 5, 10, 20, 30, 34–36, 44, 58, 112, 145)
   a. Con todo el corazón (vv. 2, 10, 30, 34, 36, 58, 112, 145)
   b. Por toda la eternidad (vv. 5, 20, 44)

1. Nos regocijamos y deleitamos en la ley de Dios (vv. 14–16, 24, 35, 47, 70, 92, 143, 162, 174)

Tenemos la tendencia a usar palabras como «regocijo», «deleite», «agradable» y «gozo» en contextos en los que estamos felices y en compañía de las personas que amamos, así como cuando recibimos algo que hemos anhelado o disfrutamos de la belleza de la naturaleza. Pero el salmista usa estas palabras en un contexto que quizá nos sorprenda.

> Me regocijo en el camino de tus estatutos
> más que en todas las riquezas. (v. 14)

> Yo me regocijo en tu promesa
> como quien halla un gran botín. (v. 162)

Esto nos revela algo de su actitud hacia la ley de Dios. No solo le da alegría; también le causa deleite. Observemos estos versículos:

> En tus decretos hallo mi deleite,
> y jamás olvidaré tu palabra. (v. 16)

> Tus estatutos son mi deleite;
> son también mis consejeros. (v. 24)

> Dirígeme por la senda de tus mandamientos,
> porque en ella encuentro mi solaz. (v. 35)

> Pues amo tus mandamientos,
> y en ellos me regocijo. (v. 47)

Vale la pena notar que no solo dice esto porque sus asuntos marchan tan bien que se siente contento con el mundo en general. De hecho, sucede exactamente lo opuesto, como podemos ver en los siguientes versículos:

> El corazón de ellos es torpe e insensible,
>> pero yo me regocijo en tu ley. (v. 70)

> Si tu ley no fuera mi regocijo,
>> la aflicción habría acabado conmigo. (v. 92)

> He caído en la angustia y la aflicción,
>> pero tus mandamientos son mi regocijo. (v. 143)

> Yo, SEÑOR, ansío tu salvación.
>> Tu ley es mi regocijo. (v. 174)

- ¿Qué te produce alegría y regocijo? ¿Son la Palabra de Dios y sus mandamientos parte de esta alegría? Si es así, ¿qué significa en términos prácticos?
- Lee los versículos próximos al «regocijo» (vv. 70, 92, 143 y 174). ¿Qué dicen respecto a las realidades de la vida del salmista? ¿Nos ofrecen más información acerca de la razón por la que encuentra regocijo en la ley de Dios?
- ¿Podrías compartirnos algún momento en tu vida en el que pudiste identificarte con el versículo 143?

2. Amamos la ley de Dios (vv. 48, 54–55, 61–62, 93, 97, 109, 113, 131, 140, 163–167, 176)

Si bien es cierto que podemos usar el lenguaje de regocijo con regularidad, tenemos mucho más cuidado cuando usamos la palabra «amor». Sin embargo, el lenguaje del amor no está en lo absoluto fuera de lugar cuando el salmista piensa en la ley de Dios. De hecho, lo enfatiza.

> Yo amo tus mandamientos,
>> y hacia ellos elevo mis manos. (v. 48)

¡Cuánto amo yo tu ley!
Todo el día medito en ella. (v. 97)

Aborrezco a los hipócritas,
pero amo tu ley. (v. 113)

Jadeante abro la boca
porque ansío tus mandamientos. (v. 131)

El lenguaje es emotivo y expresivo, y su anhelo incluso tiene un aspecto físico (v. 131). El verbo hebreo aquí es el mismo que se usa para expresar amor a Dios, a nuestro prójimo y al cónyuge.

Si uno de veras ama a otra persona, no la olvida, incluso cuando está lejos del hogar o en medio de la noche (vv. 54–55). Hace algunos veranos, mi esposa viajó dos semanas a Canadá para una boda familiar. Yo no pude ir por asuntos de trabajo. Fue una experiencia fuera de lo común que a ella le tocase viajar y a mí quedarme en casa. ¿Pero nos olvidamos el uno del otro? Por supuesto que no. Lo último que yo hacía por la noche y lo primero en la mañana era poner mi cabeza en su almohada y orar por ella (aunque no puedo decir que me haya levantado a medianoche para dar gracias, como en el versículo 62). Así que, cuando el salmista insiste en decir que nunca olvidará la ley de Dios, muestra lo mucho que la ama.

No se olvida de las palabras del Señor ni siquiera cuando enfrenta oposición (v. 61) o peligro (v. 109). Sabe que lo han salvado en el pasado (v. 93) y confía en que lo ayudarán a encontrar el camino en el presente y el futuro (v. 176).

* * *

- Si amamos la Palabra de Dios, ¿cómo debe afectar a nuestra actitud hacia ella? ¿Nos podemos identificar con lo que dice el salmista en el versículo 131?

- ¿Qué beneficio específico de amar la ley de Dios se menciona en el versículo 165? ¿Cómo difiere esto de ver sus leyes como una carga y una camisa de fuerza?

- ¿Qué suele hacernos olvidar la Palabra de Dios? ¿Y qué pasa cuando eso sucede?

* * *

3. Valoramos la ley de Dios (vv. 32, 45, 72, 103, 127)

¿Qué es lo más valioso que se te viene a la mente? ¿El oro? ¿La plata? La ley de Dios es más preciosa que ambas. Es tan valiosa, tan preciosa para el salmista, que solo la puede describir con superlativos.

> Para mí es más valiosa tu enseñanza
>> que millares de monedas de oro y plata. (v. 72)

> Sobre todas las cosas amo tus mandamientos,
>> más que el oro, más que el oro refinado. (v. 127)

¿Qué es lo más dulce que se te ocurre? ¿La miel? La palabra de Dios sabe aún mejor.

> ¡Cuán dulces son a mi paladar tus palabras!
> ¡Son más dulces que la miel a mi boca! (v. 103)

Nada tiene más valor que la obediencia fiel a Dios. Nada satisface más que vivir según su Palabra. Entonces, esta no es solo el centro de atención de la fe y el asentimiento intelectual; también es el objetivo de nuestro regocijo, amor y aprecio emocional.

¿Dónde está, entonces, todo ese supuesto legalismo del Antiguo Testamento que se mencionó en el párrafo inicial de este capítulo? ¿Dónde se encuentra aquella esclavitud a la ley? Es lamentable que incluso como cristianos hayamos sido influenciados por el prejuicio cultural (que en realidad es tan antiguo como la caída de la humanidad en el huerto del Edén) que dice que la obediencia, de alguna manera, es negativa y que implica una pérdida de libertad. Por el contrario, este salmista se deleita en el hecho de que la ley de Dios fue diseñada para mejorar la vida y el bienestar humano. La obediencia a ella es la receta perfecta para la verdadera libertad, ya sea que la vida se describa como correr por un camino o como deambular por espacios abiertos.

> Corro por el camino de tus mandamientos,
>> porque has ampliado mi modo de pensar. (v. 32)

> Viviré con toda libertad,
>> porque he buscado tus preceptos. (v. 45)

- El salmista afirma que mantiene la ley de Dios en primer lugar. ¿Cómo desafía ello las prioridades subconscientes que rigen nuestra vida cotidiana?

4. Obedecemos la ley de Dios (vv. 2, 5, 10, 20, 30, 34–36, 44, 58, 112, 145)

La Palabra de Dios (especialmente su «ley») se dirige a nuestras mentes; el salmista *cree en ella* (v. 66, ver el capítulo 1). La Palabra de Dios también se dirige a nuestras emociones; el salmista *la ama*. Pero trasciende la mente y las emociones. También afecta a nuestra voluntad. Tenemos que decidir *obedecerla*.

Piensa en lo que dijo Jesús en Juan 14.15: «Si ustedes me aman, obedecerán mis mandamientos». El salmista había oído algo similar porque el libro de Deuteronomio habla del amor a Dios y de la obediencia a su ley casi con la misma expresión (Dt 6.4-9; 30.2, 6, 10). Así que él se propone poner en práctica la ley de Dios como parte de una decisión constante, deliberada y voluntaria. Su intención es permitir que moldee su manera de pensar y su vida o, en otras palabras, su mente, su corazón y sus manos.

a. Con todo el corazón (vv. 2, 10, 30, 34, 36, 58, 112, 145)

El salmista usa la frase «con todo el corazón» (o frases similares) unas ocho veces para recalcar su entrega total y personal para obedecer la ley de Dios. Esto, a fin de cuentas, es la manera en que Deuteronomio había resumido en la gran exhortación de la *Shemá* la principal responsabilidad de todo israelita.

> Escucha, Israel: El Señor nuestro Dios es el único Señor.
> Ama al Señor tu Dios con todo tu corazón y con toda tu
> alma y con todas tus fuerzas (Dt 6.4-5),

¿Por qué no incluimos este punto en la sección anterior respecto al amor y la respuesta emocional a Dios y a su palabra? La expresión «con todo el corazón» es lenguaje emocional, ¿no es cierto? Bueno, no del todo. En hebreo, el «corazón» se relaciona menos con la sede de las emociones y más con la de la voluntad. A las emociones se las ubicaba más abajo en el cuerpo (en las entrañas, por ejemplo), donde se sentía lástima, compasión, ternura. El corazón, para un israelita, era donde uno pensaba, escogía y tomaba decisiones. Era el que regía las intenciones y los planes. En otras palabras, era de donde brotaba la conducta, tanto buena como mala. Por ello, Jesús decía: «Porque de adentro, del corazón humano, salen los malos pensamientos, la inmoralidad sexual, los robos, los homicidios, los adulterios, la avaricia, la maldad, el engaño, el libertinaje, la envidia, la calumnia, la arrogancia y la necedad» (Mr 7.21–22). Con ello repetía la sentencia original en Génesis 6.5 respecto al corazón humano. Debemos prestar atención al corazón si queremos cambiar nuestra conducta.

Este salmista quería que la ley de Dios gobernara su corazón, así que puso todo de su parte:

> Dichosos los que guardan sus estatutos
> y de todo corazón lo buscan. (v. 2)

> Yo te busco con todo el corazón;
> no dejes que me desvíe de tus mandamientos. (v. 10)

> He optado por el camino de la fidelidad,
> he escogido tus juicios. (v. 30)

> Dame entendimiento para seguir tu ley,
> y la cumpliré de todo corazón. (v. 34)

> Inclina mi corazón hacia tus estatutos
> y no hacia las ganancias desmedidas. (v. 36)

> De todo corazón busco tu rostro;
> compadécete de mí conforme a tu promesa. (v. 58)

> Inclino mi corazón a cumplir tus decretos
> para siempre y hasta el fin. (v. 112)

> Con todo el corazón clamo a ti, Señor;
> respóndeme, y obedeceré tus decretos. (v. 145)

- Lee los versículos anteriores y considera todo lo que el salmista ha afirmado que hará **con todo su corazón**, y las cosas a las que se dedicará **de todo corazón**. ¿De qué manera se relaciona esto con tus propias decisiones y acciones?

b. Por toda la eternidad (vv. 5, 20, 44)

La obediencia superficial es una de las prácticas contra las que Jesús advirtió y de las que se quejó. Este salmista está resuelto a que su entrega a Dios y a su Palabra sea total y duradera porque sabe que no tiene sentido prometer algo «por toda la eternidad» si no incluye el «presente».

> ¡Cuánto deseo afirmar mis caminos
> para cumplir tus decretos! (v. 5)

> A toda hora siento un nudo en la garganta
> por el deseo de conocer tus juicios. (v. 20)

> Por toda la eternidad
> obedeceré fielmente tu ley. (v. 44)

- ¿Qué significa la palabra «escoger» en el mundo actual? ¿«Hoy té, mañana café»? Las opciones pueden cambiar según los gustos o las modas. Entonces, ¿qué quiere decir el salmista cuando en el versículo 30 afirma «He optado por el camino de la fidelidad»?
- ¿Has decidido entregarte de lleno a algo o a alguien y que concuerde con la expresión «por toda la eternidad»?

Para mayor investigación
Lee: Mateo 13.31–52.
¿Qué dijo Jesús respecto a nuestras prioridades en la vida? Considera sus dichos sobre el reino de Dios como valor supremo, prioridad y «galardón» en la vida, y acerca de lo que más importa en la vida.

Para reflexionar
Analiza la cultura y las características del grupo cristiano al que perteneces (congregación, iglesia, agrupación o evento cristiano favorito). ¿Logra este grupo equilibrar los tres aspectos que hemos estudiado anteriormente: una sólida enseñanza para la mente, un entusiasmo saludable para las emociones y unas normas morales claras para la obediencia bíblica? Si no es así, ¿dónde sucede el desequilibrio y qué podrías hacer para corregirlo?

Si eres predicador, cuestiónate si tu predicación periódica de la Biblia intenta mantener ese mismo equilibrio: darles a las personas sustento para sus mentes y sentimientos saludables (ojo, no solo de felicidad), así como motivarlas a la obediencia. ¿Qué cambios y planes debes hacer para que ello suceda?

Conclusión de la primera parte

Los dos estudios de esta parte nos desafían a que revisemos nuestra entrega personal a la Palabra de Dios en nuestras vidas. Creo que este mensaje se dirige especialmente a los más afectados por la cultura de la posmodernidad, especialmente en Occidente. Respecto al cambio de pensamiento que ha traído aquella, hay mucho de ello que es de beneficio para el evangelio. De hecho, reconocemos lo útil que es su énfasis en lo siguiente:

- El aspecto narrativo de la vida (a todos nos gustan las historias, y llevamos nuestras fantasías a la realidad).
- El importante papel que juega el contexto local y cultural en el que vivimos.
- La dignidad de todas las culturas y la necesidad de superar nuestros prejuicios congénitos.
- Vivir en comunidad, relacionándonos unos con otros, en lugar de seguir viviendo un estilo de vida individualista.
- Oponerse a las fuerzas dominantes y opresivas.

Sin embargo, cuando la cultura posmoderna niega *cualquier* fundamento absoluto, *cualquier* verdad final, *cualquier* realidad objetiva no negociable, *cualquier* norma moral universalmente válida, debemos oponernos a ella. ¿Acaso será posible construir los cimientos de tu vida sobre un pantano o una pasarela móvil?

Aquí en el salmo 119 nos acompaña alguien que está:

- racionalmente convencido de la Palabra de Dios, de su trascendencia eterna, de su pertinencia moral y del carácter definitivo de su verdad;
- emocionalmente entusiasmado con la Palabra de Dios, objeto de su regocijo, su amor, y sus más altas prioridades; y
- con todo su corazón entregado a obedecer la Palabra de Dios en cada aspecto de su vida.

Estos tres puntos deben colaborar juntos si hemos de vivir un discipulado cristiano obediente, radical y equilibrado.

Si nos enfocamos solamente en nuestras convicciones racionales respecto a la Palabra de Dios, nuestra fe será árida y académica. Podremos ser doctrinalmente sólidos, pero nos faltará vida y calidez, y nuestra fe podría no tener efectos prácticos.

Si nos enfocamos únicamente en nuestro entusiasmo emocional respecto a la Palabra de Dios, nuestra fe corre el riesgo de ser poco más que emocionalismo y entusiasmo espumoso, con un entendimiento sin profundidad alguna. Podríamos caer en la hipocresía del entusiasmo, sin obediencia genuina y práctica.

Si nos enfocamos solo en obedecer a Dios sin la participación de nuestras mentes y emociones, podríamos estallar en acciones apresuradas y entusiastas sin conocimiento ni sabiduría. Ello podría resultar en desilusión o legalismo cuando el amor y la alegría se desvanezcan.

Para ser cristianos equilibrados, tenemos que incluir a nuestras mentes, emociones y voluntades. Y quienes hemos sido llamados al ministerio de la predicación, debemos también esforzarnos por mantener este equilibrio en ella, así como el impacto que produce en las personas que nos escuchan.

Segunda parte

*La orientación personal
y la Palabra de luz*

(Salmo 119.97–105)

El consejo
y la Palabra de luz

Introducción a la segunda parte

El viejo himno *Firmes y adelante, huestes de la fe* se canta poco hoy en día. Algunos preferimos el ritmo diferente de *Caminamos en la luz de Dios*. Canciones como estas nos hacen pensar en un gran ejército que marcha hacia adelante en formación perfecta (aunque un ejército solo podría hacer esto en un campo de desfile, no en uno de batalla).

Ahora bien, la Biblia rara vez habla de personas que marchan. ¡Pero sí dice que *Dios está en marcha*! Es más común que se describa a nuestras vidas como un caminar, con propósito, por una senda, aunque para algunos de nosotros esta metáfora tampoco sirve mucho. Sentimos más que nuestras vidas se tambalean de crisis en crisis o que vagamos más y más confundidos por un laberinto de callejones sin salida y decisiones a ciegas.

Todos anhelamos recibir un consejo claro. ¿Qué otra razón explicaría la popularidad de los horóscopos? Y como cristianos anhelamos saber «lo que Dios quiere que hagamos». Unas veces deseamos que nos lo diga con toda claridad. Otras creemos que nos lo ha dicho con certeza, y luego las cosas no suceden como pensamos que debían haber pasado si realmente nos lo hubiera dicho así. Nos gustaría tener sabiduría y criterio en las decisiones que tomamos. Realmente queremos hacer la voluntad de Dios y seguir su plan para nuestras vidas.

Eso mismo desea este salmista. Es obvio que quiere evitar pecar o cometer errores desastrosos, pero además desea que Dios lo ayude y lo proteja durante sus luchas. Quiere vivir bien en todos los sentidos. Anhela ser una persona *sabia* (intelectualmente), *piadosa* (espiritualmente) y *moral* (prácticamente) en lo cotidiano de la vida. Y entonces, repetidas veces, le pide dos cosas a Dios:

- *Luz para el camino*, es decir, su consejo para tomar decisiones.
- *El aprendiz dispuesto a aprender*, es decir, sabiduría para pensar bien.

Estos son los temas de los dos capítulos de esta parte.

Capítulo 3

Luz para el camino

Objetivo: Reconsiderar lo que la Biblia quiere decir con «el consejo de Dios para nuestras vidas».

Tema central

La metáfora de la vida como una travesía, un viaje, es de uso frecuente en la Biblia, y aun de uso cotidiano en contextos seculares. ¿Qué tan a menudo has oído que alguien hable de definir su carrera profesional, de encontrar el rumbo o de hacer camino al andar? Son formas de hablar que comparten una preocupación por las decisiones, las acciones y las conductas. Es probable que alguna vez también hayas escuchado que alguien «perdió el rumbo» o «se salió del camino».

Pero si la vida es una travesía, ¿dónde está el mapa que nos muestra la ruta? ¿Cómo sabremos cuáles opciones escoger y qué decisiones tomar en cada encrucijada? Piensa en todas las opciones que consideraste y las decisiones que tomaste el año pasado. ¿Te mudaste de casa, te decidiste por una carrera universitaria, compraste un automóvil, te fuiste de viaje misionero de corto plazo? ¿Cómo tomaste estas decisiones? ¿Qué papel jugó Dios en tu planificación?

Lee: salmo 119.1–9, 101–105

Versículo clave: salmo 119.1

Estructura
1. Andar en el camino del Señor (1, 29, 30, 32, 59)
2. Tomar precaución del rumbo con la Palabra de Dios (vv. 9, 105)
   a. El consejo y la Biblia
   b. ¿Consejo o plan de acción? (vv. 101, 104, 128)

En ámbitos cristianos solíamos cantar un himno que comenzaba de este modo:

Para andar con Jesús, no hay senda mejor
que guardar sus mandamientos de amor[1]

El estribillo terminaba con «es la senda marcada para andar en la luz».

Esas líneas reflejan las primeras palabras del salmo 119:

Dichosos los que van por caminos perfectos,
los que andan conforme a la ley del Señor. (v. 1)

1. Andar en el camino del Señor (vv. 1, 29, 30, 32, 59)

El salmista veía la vida como una travesía y con frecuencia traía su andar y su rumbo ante Dios como algo que le preocupaba. Podemos darnos una idea respecto a cómo pensaba y cómo quería vivir a partir de versículos como estos, en los que se repiten términos como «camino», «senda», «correr», «caminar» y «pasos»:

Mantenme alejado de caminos torcidos;
concédeme las bondades de tu ley. (v. 29)

He optado por el camino de la fidelidad,
he escogido tus juicios. (v. 30)

---

[1] Son las primeras líneas del himno *Para andar con Jesús* (en inglés, *Trust and Obey*), compuesto por John H. Sammis y que fue traducido al español por Vicente Mendoza.

> Corro por el camino de tus mandamientos,
>> porque has ampliado mi modo de pensar. (v. 32)

> Me he puesto a pensar en mis caminos,
>> y he orientado mis pasos hacia tus estatutos. (v. 59)

El salmista rechaza los «caminos torcidos» y desea seguir la senda de los mandamientos de Dios. Recurre a una metáfora que se puede rastrear hasta Génesis, donde Él le recordó a Abraham que no debía seguir el camino de Sodoma, sino uno muy distinto:

> Yo lo he elegido para que instruya a sus hijos y a su familia,
> a fin de que se mantengan en el camino del SEÑOR y pongan
> en práctica lo que es justo y recto. Así el SEÑOR cumplirá lo
> que le ha prometido. (Gn 18.19)

Las palabras de Dios dejan claro que mantenerse en «el camino del Señor» implica «poner en práctica lo que es justo y recto». La justicia y la rectitud (dos de las palabras más importantes en el vocabulario de la moral del Antiguo Testamento) debían caracterizar a los descendientes de Abraham, es decir, a los israelitas. Su misión consistiría en andar en el camino del Señor a fin de que Él los use para bendecir a las naciones.

Siglos más tarde, Moisés recurrió a la misma metáfora al recordarles a los israelitas los requisitos de Dios para su pueblo.

> Y ahora, Israel, ¿qué te pide el SEÑOR tu Dios? Simplemente
> que le *temas* y *andes* en todos sus caminos, que lo *ames*
> y le *sirvas* con todo tu corazón y con toda tu alma, y que
> *cumplas* los mandamientos y los preceptos que hoy te
> manda cumplir, para que te vaya bien. (Dt 10.12–13,
> énfasis en cursivas)

Este versículo es como un gran acorde musical que combina cinco notas distintas. ¿Qué pide Dios? Simplemente que *le temamos, andemos en sus caminos, lo amemos, sirvamos y obedezcamos*. En otras palabras, no solo busca personas que obedezcan los detalles de todas las demás leyes en torno a Deuteronomio, sino vidas totalmente entregadas a Él.

Pero ¿qué significa andar en los caminos del Señor? ¿Cuáles son aquellos en los que debemos andar? La respuesta viene en los siguientes versículos:

> Porque el Señor tu Dios es Dios de dioses y Señor de señores; él es el gran Dios, poderoso y terrible, que no actúa con parcialidad ni acepta sobornos. Él defiende la causa del huérfano y de la viuda, y muestra su amor por el extranjero, proveyéndole ropa y alimentos. Así mismo debes tú mostrar amor por los extranjeros, porque también tú fuiste extranjero en Egipto. (Dt 10.17–19)

La integridad, la compasión, la justicia y el cuidado práctico de quienes la sociedad ha rechazado son parte del carácter de Dios. Por lo tanto, andar en sus caminos significa imitar estas cualidades suyas.

Quienes se esmeran por andar de esta manera pueden disfrutar de la promesa de la bendición continua de Dios. Este es el mismo punto que destaca el primer versículo de nuestro salmo, y también el primero de todo el libro de los Salmos.

> Dichoso el hombre
>> que no sigue el consejo de los malvados,
>> ni se detiene en la senda de los pecadores [...]
> Porque el Señor cuida el camino de los justos,
>> mas la senda de los malos lleva a la perdición.
>> (Sal 1.1, 6)

• Observa rápidamente el resto del salmo 119 y busca otros versículos donde aparecen términos como andar, correr, pies, pasos, senda o camino. ¿Qué nos dice esto respecto a la manera en que el salmista quería vivir? ¿Podemos decir lo mismo respecto a nosotros mismos?

2. Tomar precaución del rumbo con la Palabra de Dios (vv. 9, 105)

Está muy bien que Dios cuide el camino de los justos (Sal 1.6), pero ¿no deberíamos también cuidar nuestro propio camino? Si es así, ¿cómo lo hacemos? ¿Cómo hacemos para seguir andando en el camino del Señor cuando hay tantas alternativas atractivas y tantos desvíos? El salmista también se hizo esa pregunta. Y la respondió:

> ¿Cómo puede el joven llevar una vida íntegra?
> Cuidando su rumbo conforme a tu Palabra.
> (v. 9, mi paráfrasis)

La Palabra de Dios da la luz que necesitamos para saber cuál camino tomar. Así que cuidamos nuestros pasos con la ayuda de ella, pues ilumina el camino. El salmista continúa con un versículo que se ha convertido en el favorito de muchos: «Lámpara es a mis pies tu palabra, y lumbrera a mi camino» (v. 105, RVR, 1960).

- Piensa en una semana típica, en el trabajo o en la universidad, en casa o donde quiera que te encuentres. ¿Cómo puedes esforzarte por «cuidar tu camino» a la luz de la Palabra de Dios? ¿Cómo afectará esto a las cosas que haces?

a. El consejo y la Biblia

Un sinnúmero de libros nos ofrece consejos sobre cualquier cosa que se nos ocurra, desde cómo vivir una vida cristiana exitosa hasta el modo de hacer dieta para Jesús (*¿qué comería Jesús?*) y cómo entrenar a nuestro perro de la manera bíblica. (¡En serio! He visto aquellas publicaciones). Hay gente cuyo objetivo es hacer un montón de dinero con nuestras ansiedades.

Pero, antes de salir corriendo a comprar alguno de estos libros (con sus diez pasos simples para conseguir este o aquel objetivo espiritual), recuerda que ya poseemos el mejor recurso que nos ofrece consejo: la propia Biblia.

Decir esto no significa que ella sea una especie de compendio de consejos mágicos, como un horóscopo. Todos nos hemos reído del cuento de lo que puede suceder cuando uno abre al azar una Biblia y pone el dedo en la página, esperando que el versículo señalado sea el mensaje de Dios para el momento: el primer dedazo cae en el siguiente versículo: «Luego [Judas] fue y se ahorcó» (Mt 27.5). El segundo intento aterriza en las siguientes palabras: «Anda entonces y haz tú lo mismo» (Lc 10.37). Sin embargo, todavía hay muchos cristianos sinceros que parecen tener un enfoque similar cuando buscan el consejo de Dios. Por ejemplo, en All Nations Christian College una estudiante dijo que estaba segura de que Dios la había llamado a ser misionera en América Latina porque después de orar al Señor para que le ofreciese su consejo, ese mismo día entró en una tienda y lo primero que vio fue una gran bolsa de avellanas del Brasil. Luego de oírla, un colega se preguntó qué habría pasado si ella hubiera visto primero un chocolate de la marca Marte (Mars, en inglés).

No, la Biblia no es un horóscopo ni una bola de cristal. Tampoco basta con tener una en nuestra casa o aun en nuestras manos y dar por sentado que recibiremos consejo. Pero sí lo ofrece cuando se la usa correctamente y bajo las condiciones que ella establece. Es decir, se lo da a quienes tienen la Palabra de Dios en sus corazones y en sus labios y se han entregado a obedecerla. Como lo expresó Moisés: «¡No! La palabra está muy cerca de ti; la tienes en la boca y en el corazón, para que la obedezcas» (Dt 30.14).

Pero incluso las personas que aman la Biblia y desean obedecerla puede que no tengan el criterio adecuado cuando ofrecen consejo a partir de ella. Puedo dar un ejemplo tomado de mi propia familia. Cuando salimos de Gran Bretaña para la India, experimentamos cierta ansiedad natural en torno al enorme cambio que estábamos iniciando y nuestra mudanza a una tierra extraña. En una reunión de oración poco antes de nuestra partida, un hermano sincero «compartió una Palabra de Dios» con mi esposa. Era la Palabra del Señor a Jacob para superar sus temores cuando partió hacia Egipto (que, obviamente, representaba la India en nuestro caso): «No tengas temor de ir a Egipto [...] Yo te acompañaré a Egipto, y yo mismo haré que vuelvas» (Gn 46.3–4). El hermano le aseguró a Liz que Dios nos acompañaría y que nos traería de regreso. El hermano tenía buenas intenciones. Esperé hasta más tarde de aquel día antes de señalarle a Liz que la manera en que Dios cumplió su promesa de traer a Jacob de vuelta de Egipto fue en un ataúd. ¡El versículo no era tan reconfortante como ella había pensado!

Necesitamos, al parecer, una mejor forma de resolver nuestras ansiedades en relación con el consejo y la providencia de Dios. Tenemos que estudiar toda la Biblia y contar con buenos principios para su interpretación y aplicación. Esto significa que debemos investigarla a fondo y en su totalidad para que así pueda correr por nuestras venas. No solo debe ser el objeto de nuestro estudio, sino también la trama de nuestros pensamientos. La Biblia no solo debe ser aquello *de lo que* pensamos, sino aquello *con lo que* pensamos. Así lo dijo Pablo: «Que habite en ustedes la palabra de Cristo con toda su riqueza» (Col 3.16).

¿De qué maneras nos ayuda la Biblia a discernir el consejo de Dios y a seguir andando en sus caminos? Aquí enumero algunas que se me han ocurrido. Quizá se te ocurran otras.

- *La Biblia nos permite entrar a la mente y los valores de Dios.* Cualquiera que sea la encrucijada que enfrentemos, nuestras decisiones deben reflejar sus prioridades, aun cuando Él no nos diera un consejo detallado. Cuanto más tiempo uno pasa con otra persona, más llega a saber cuáles son sus pensamientos, sentimientos, gustos, disgustos y prioridades. En la Biblia, Dios se ha dado a conocer plenamente a nosotros; en ella comparte su corazón, su mente, sus prioridades, sus planes y sus valores morales. Debemos pasar tiempo leyéndola. Cuanto más lo hagamos, más permitiremos que la mente de Dios dé forma a nuestros propios procesos mentales y la manera en que tomamos decisiones.
- *Exponernos constantemente a la Biblia aclara nuestro propio sistema de valores* por medio de sus impactantes historias, sus modelos, sus ejemplos y sus lecciones directas. Esto influirá en las decisiones morales que enfrentamos. Piénsalo. La mayoría de nosotros tenemos imágenes mentales respecto a cómo debe ser un «buen» conductor, maestro o padre. Estas imágenes se han construido a partir de cientos de historias, ejemplos y experiencias personales. Las usamos para edificar nuestro modelo ideal de aquellas personas, aunque los ejemplos concretos que conocemos (incluyéndonos a nosotros mismos) se quedan cortos y no alcanzan el ideal. De

la misma manera, Dios moldea nuestra intuición en torno a lo que es correcto y bueno en todas las distintas circunstancias y las relaciones interpersonales a partir de tantas historias de la Biblia, positivas y negativas, que nos inspiran y nos alarman.

- *La Biblia aclara nuestra conciencia del pecado,* y sus enseñanzas e historias nos advierten con claridad respecto a los efectos que el pecado termina haciendo en nosotros. De esta manera, desarrollamos mayor sensibilidad frente a las posibles consecuencias respecto a los distintos rumbos que se nos presentan. (En 1 Corintios 10.1–13 Pablo destaca este aspecto específico del papel que juega la Biblia).
- *La Biblia provee tierra fértil para la obra del Espíritu Santo en nuestras mentes.* Una mente que ya está bien empapada en las Escrituras estará más presta a la dirección del Espíritu.

- Piensa en ejemplos concretos del pasado respecto a la manera en que la Biblia ha logrado su cometido en decisiones o acciones específicas.

b. ¿Consejo o plan de acción? (vv. 101, 104, 128)

Al parecer, el salmista habría sido una persona relativamente joven que ocupaba algún puesto público. Tal responsabilidad pudo haberle presentado muchas tentaciones y múltiples opciones que debía escoger. Pero es interesante notar que cuando el salmista habla del consejo de Dios, tiende a concentrarse más en evitar hacer lo negativo (no ir por caminos equivocados) que en hacer lo positivo (el *único* camino correcto posible). Observemos algunos ejemplos.

Aparto mis pies de toda mala senda
para cumplir con tu palabra. (v. 101)

De tus preceptos adquiero entendimiento;
por eso aborrezco toda senda de mentira. (v. 104)

> Por eso tomo en cuenta todos tus preceptos
> y aborrezco toda senda falsa. (v. 128)

Parece que el salmista ya se halla en el buen camino por el solo hecho de vivir como un creyente fiel y que obedece la Palabra de Dios. No le pide al Señor un plan de acción detallado respecto a cada decisión que tenga que tomar. No le dice: «Dios, te ruego que me muestres qué hacer cada día». Se encuentra en el camino del Señor, aunque sigue hablando de «mis pasos», «mis pies» y «mi camino». Sigue escogiendo sus opciones, tomando sus propias decisiones y busca el consejo para evitar hacer cosas negativas. Podríamos decir que busca luces rojas o señales de «no entres» en vez de un consejo específico como «gira a la izquierda aquí».

Debemos tener cuidado con el consejo que proviene de nuestras teologías. Entre las ideas que circulan en ámbitos cristianos, hay muchas que no están cimentadas en enseñanzas claramente bíblicas. A menudo, se nos dice que «Dios tiene un plan maravilloso para tu vida». Quienes conocemos bien las Escrituras podríamos poner en duda esta declaración, ya que recordamos las tantas personas en la Biblia cuyas vidas sufrieron un terrible revés o prácticamente fueron destrozadas cuando Dios se involucró en ellas. O se nos dice: «El rumbo ha sido trazado hasta el último detalle. Todo lo que tienes que hacer es descubrir el plan de Dios para tu vida». Sin embrago, se nos permite preguntarle muchas cosas al Señor, pero no siempre obtenemos el tipo de respuesta directa que nos encantaría escuchar con lujo de detalles. Además, enseñanzas como esta nos llevan a vivir con temores de dar un paso en falso y quedar fuera de la voluntad de Dios o, en el mejor de los casos, tener que vivir con su «plan B», esto es, con la opción «segundona». Dudo mucho de que esta forma de pensar sea lo que la Biblia nos quiere decir cuando se refiere al propósito soberano del Señor o a su promesa de ofrecer consejo a su pueblo.

En el extremo opuesto están los que dicen: «En realidad todo depende de uno mismo. Así como tú no tienes la menor idea de lo que debes hacer con tu vida, Dios tampoco la tiene. Pero si tomas buenas decisiones, estará a tu lado y te ayudará. Así como tú tienes tantas ganas de descubrir el rumbo de tu vida y tu destino final, Él también comparte el mismo entusiasmo». Una vez más, no estoy para nada convencido de que esta sea la manera adecuada de describir la relación entre nuestras decisiones libres y la voluntad del Señor.

Las dos posturas que he descrito son tergiversaciones de lo que la Biblia realmente enseña respecto a la amplitud del futuro y la interacción entre Dios y los seres humanos. La primera postura subraya que el Señor es soberano y que tiene un plan, pero nos deja buscando a tientas los detalles de aquel plan, lo que a menudo no logramos. La segunda quizás también reconoce que es soberano, pero insiste en que no tiene ningún plan, lo cual nos deja a la deriva en altamar, sin timón ni brújula. Entonces, ¿qué debemos hacer?

La Biblia ciertamente enseña las siguientes verdades:

- Dios es supremo en todo lo que sucede en el universo y en toda la historia en la tierra;
- Dios ejerce su voluntad y propósito, y las cumplirá completamente;
- Dios promete aconsejar y dirigir a su pueblo; y
- Dios, de hecho, aconseja y guía a su pueblo.

Pero la Biblia contiene muy pocas pruebas que sustenten la idea de que hay un plan de acción individual, absolutamente prefijado, para la vida de cada persona, especialmente si fomenta la perspectiva fatalista de que nuestras vidas se ciñen a un guion predeterminado.

Tampoco hay pruebas bíblicas que sustenten la idea de que Dios tiene un solo plan perfecto y detallado para nuestras vidas, y que, si tomamos una decisión equivocada y nos desviamos de aquel plan, tendremos que conformarnos con el «plan B». Recuerdo cuando George Verwer, fundador de OM (Operación Movilización), dijo que, si esta idea era cierta, le alegraba que hubiera 26 letras en el alfabeto porque él ya debía estar por el plan X o Y. Pero ¿será cierta la idea de un plan detallado? Sabemos, por supuesto, que David habla del conocimiento previo que Dios tiene de las palabras y las obras del propio David (Sal 139.3–4), y afirma que «todo eso estaba escrito en tu libro. Habías señalado los días de mi vida cuando aún no existía ninguno de ellos» (Sal 139.3–4, 16). Pero parece referirse al profundo conocimiento que Dios tenía de él y del tiempo que estaría vivo, y no de que tuviera un plan detallado que debería seguir día a día. Si David hubiera creído que estaba siguiendo un plan detallado, se debe reconocer que lo llevó a cabo de maneras bastante extrañas.

Esta postura respecto a seguir un plan de acción fijo nos plantea dos problemas principales:

En primer lugar, puede causar un gran daño y sufrimiento de parte de los pastores. De vez en cuando me encuentro con alguien que me cuenta, con tristeza, su historia de vida: «A los veinticuatro años desobedecí a Dios y me desvié de su plan para mi vida; desde ese entonces he sido condenado a un plan segundón o inferior». Ahora bien, sin duda las personas se desvían y hacen un enredo con sus vidas. Pero el Dios de la Biblia está siempre buscando restituir a las personas para que vuelvan a relacionarse con Él, para que vuelvan a obedecerle, servirle y así dar frutos. Piensa en Elías o en Pedro. Dios restaura los años que las langostas arruinaron. Es capaz de entretejer incluso nuestros errores y defectos en su plan supremo, y «dispone todas las cosas para el bien de quienes lo aman, los que han sido llamados de acuerdo con su propósito» (Ro 8.28). La postura del plan de acción fijo genera muchísima ansiedad innecesaria en personas que desesperadamente temen perderse algún detalle ínfimo del plan futuro o que de modo desesperado temen ya haberse desviado en algún punto del pasado.

En segundo lugar, la postura del plan de acción fijo reduce y convierte a Dios en un titiritero celestial y a la humanidad en títeres controlados por cuerdas. En otras palabras, elimina la «persona» de la soberanía del Señor, y lo mismo hace con la «persona» de la humanidad respecto a nuestra toma de decisiones. Ambos son serios errores conceptuales. Dios se relaciona con nosotros en calidad de nuestro Padre celestial, no como el que nos organiza nuestra agenda diaria. Y parte del proceso de crianza que le corresponde al padre y a la madre consiste en que sus hijos logren madurar y que puedan elegir y tomar decisiones por su propia cuenta con sabiduría e integridad. Dios nos ha dado mentes para pensar, conciencias para ejercer buen criterio moral y voluntades para poner en marcha nuestros propios planes. El Señor espera que las usemos, que por medio de nuestras plegarias mantengamos la comunicación con Él y en «el temor de Dios», con la determinación de hacer solo lo que es consecuente con lo que conocemos de su carácter y su voluntad general.

Volviendo al salmo 119, la Palabra de Dios es ciertamente luz para nuestro camino. Pero no predefine cada paso ni cada decisión que tomemos. Lo que necesitamos, entonces, no es solo luz para ver hacia dónde vamos y evitar caminos equivocados o peligrosos, sino también discernimiento. Necesitamos estar en un constante proceso de madurez que nos permita percibir y entender las cosas con el fin de tener criterio para tomar buenas decisiones que agraden a Dios y que sean las mejores para nosotros mismos y para los demás. También ello forma parte de la plegaria del salmista. Y eso es lo que vamos a considerar en el próximo capítulo.

- ¿Qué caminos equivocados debemos rechazar y de dónde debemos «apartar nuestros pies» hoy? ¿Hay algún camino del que debamos alejarnos ahora mismo?
- Piensa en personas que conoces y que encaran grandes decisiones. Pueden ser algunas que se relacionen con la familia, el trabajo, el hogar. Piensa en cómo se estarán sintiendo y comparte sus peticiones de oración con el grupo. Oren juntos por algunas de las personas que se han mencionado.

Para mayor investigación

Lee: salmo 32.

¿Qué promete Dios con claridad en 32.8–9? ¿Cuál es la primera condición para que Dios nos guíe (32.1–7)? ¿Cuál es la segunda condición (32.8–9)?

Si la diferencia entre mulos, caballos y seres humanos es que los mulos y los caballos «no tienen discernimiento» (32.9), ¿qué deducimos de ello respecto al consejo de Dios? ¿Y qué nos dice este versículo acerca de la manera en que no debemos esperar que el Señor nos guíe?

Para reflexionar

Repasa el último año. Invita a las personas de tu grupo a que compartan ejemplos concretos respecto a la manera en que la Biblia ha dado buenos resultados para guiar decisiones o acciones específicas durante ese tiempo.

Considera cómo predicarías este salmo de una forma que anime a las personas a que busquen el consejo de Dios y, a la vez, les advierta que no esperen encontrar una respuesta «automática», es decir, como si tomásemos las riendas de un caballo para que gire a la izquierda o a la derecha o se detenga.

Capítulo 4

El aprendiz
dispuesto a aprender

Objetivo: Evaluar en nosotros la voluntad que permita que la Palabra de Dios moldee nuestra manera de pensar.

Tema central

En el anterior capítulo el salmista meditaba en la Palabra de Dios como una lámpara para andar por el camino en una noche oscura. En este capítulo fijaremos la mirada en otra metáfora, en la cual Dios es nuestro maestro y la Biblia nuestro libro de texto.

Lee: salmo 119.26–27, 33–34, 97–104

Versículo clave: salmo 119.33

Estructura

1. Dios el maestro (vv. 98–100, 102)
2. «Enséñame» (vv. 12, 26, 33, 64, 68, 124, 135, 171)
   a. Enseñanza y alabanza (vv. 12, 171)
   b. Enseñanza, vida práctica y obediencia (vv. 26, 33)
   c. La enseñanza, el carácter de Dios y su obra (vv. 64, 68, 124, 135)
3. «Dame entendimiento» (vv. 27, 34, 73, 104, 125, 144, 169)
   a. El entendimiento y Dios como Creador (vv. 27, 73)

    b. El entendimiento y la obediencia moral (vv. 34, 104)

    c. El entendimiento y la relación personal con Dios (vv. 125, 144, 169)

Hace algunos años vi un anuncio televisivo que mostraba las caras de gente famosa (deportistas, artistas, políticos, etc.). Cada uno de estos personajes famosos mencionaba el apellido de alguien desconocido. Por ejemplo, «La señora Jiménez», «el señor Campos», «la señorita Rodríguez», y así por el estilo. Luego venía la conclusión: «¡A nadie se le olvida una buena profesora o un buen profesor!». Y es cierto. Todos recordamos a los pocos profesores realmente excelentes que hemos tenido. El salmista también recuerda a su profesor: Dios. A menudo lo describe como su maestro, y a su Palabra, como enseñanza o instrucción. ¡Y no duda en expresar su aprecio por su maestro!

Sentémonos con nuestro maestro para aprender, estudiar, interactuar, absorber, memorizar, reflexionar y aplicar lo que él comparta con nosotros.

* * *

- ¿Quiénes han sido los buenos maestros en tu vida? ¿Por qué fueron buenos? ¿Qué diferencia marcaron en tu vida y tu aprendizaje? Reflexiona respecto a algunas de las cualidades para que un buen maestro sea bueno.

* * *

1. Dios el maestro (vv. 98–100, 102)

Cuando la Biblia es nuestro libro de texto, Dios mismo es nuestro maestro:

> No me desvío de tus juicios
> *porque tú mismo me instruyes.* (v. 102, énfasis en cursivas)

Pablo se expresó de manera parecida cuando le escribió a Timoteo. Tanto su madre como su abuela supieron criar muy bien a Timoteo. ¡Qué bendición! ¡Qué privilegio! Pero Pablo acota que fueron las Escrituras las que llevaron la salvación a Timoteo y le dieron una formación correcta y justa.

> Desde tu niñez conoces las Sagradas Escrituras, que pueden darte la sabiduría necesaria para la salvación mediante la fe en Cristo Jesús. Toda la Escritura es inspirada por Dios y útil para enseñar, para reprender, para corregir y para instruir en la justicia [...]. (2Ti 3.15–16)

De hecho, nuestro salmista considera que, con Dios como su maestro y las Escrituras como su libro de texto, tiene un entendimiento aun mayor que sus maestros humanos y sus mayores (y ni hablar de sus enemigos).

> Tus mandamientos me hacen más sabio que mis
> enemigos
> porque me pertenecen para siempre.
> Tengo más discernimiento que todos mis maestros
> porque medito en tus estatutos.
> Tengo más entendimiento que los ancianos
> porque obedezco tus preceptos. (vv. 98–100)

Quizá hayas oído sobre el profesor universitario que le dijo a una nueva docente que, en caso de que ella no entendiera algo, que se lo preguntara a los estudiantes del primer año lo antes posible, ya que estos lo sabían todo respecto a todo. Ahora bien, lo que dice el salmista puede sonar parecido a la excesiva confianza sobre el conocimiento que los jóvenes creen tener; pero no podría acusarlo de arrogante por hacer esas afirmaciones, pues lo que dice no se refiere a su propio conocimiento, sino a la confianza en el gran valor y la incomparable sabiduría de la enseñanza de Dios en su Palabra.

Mientras medito en este salmo y pienso en Dios como nuestro maestro y en su Palabra como nuestro libro de texto, me doy cuenta de que se repiten dos frases: «*Enséñame* tus decretos», que se emplea ocho veces, y «Dame *entendimiento/discernimiento*» (o una expresión similar), que se utiliza siete veces. Así que en lo que resta de este capítulo observaremos estas frases en el contexto de los pasajes donde aparecen.[2]

- Si somos cristianos, creemos, junto con el salmista, que la Biblia ofrece un entendimiento más profundo que cualquier otra educación. ¿De qué manera es esto distinto de la corriente antiintelectual?

2. «Enséñame» (vv. 12, 26, 33, 64, 68, 124, 135, 171)

En las peticiones del salmista, que le pide a Dios que le enseñe, encontramos diversos énfasis, casi como si fueran distintos hilos entretejidos en un tapiz. Aquí nos concentraremos en el vínculo que hay entre la enseñanza y la alabanza; entre la enseñanza, la vida práctica y la obediencia; y entre la enseñanza y el carácter y la obra de Dios.

a. Enseñanza y alabanza (vv. 12, 171)

El primer punto que se debe remarcar es que el «enséñame» de la oración del salmista está estrechamente vinculado con la alabanza. Tanto la primera como la última vez que en este salmo dice «enséñame», lo hace en el contexto de su alabanza a Dios:

> ¡Bendito seas, Señor!
> ¡Enséñame tus decretos! (v. 12)

> Que rebosen mis labios de alabanza,
> porque tú me enseñas tus decretos. (v. 171)

---

[2] NOTA DEL EDITOR: El lector no debe alarmarse cuando no encuentre el número de veces que el autor dice que hay respecto a alguna palabra o frase del texto bíblico o incluso los versículos que se ofrecen como citas. El problema se suscita con todas las traducciones, porque sencillamente no todas las palabras que el autor ha identificado en su Biblia (en inglés o en otros idiomas) se traducen de una sola manera.

El salmista no separa su mente de su corazón, ni su teología de su alabanza, ni los aspectos intelectuales de los espirituales en su vida. No traza una clara línea divisoria entre adorar a Dios (alabanza, acción de gracias, canto) y el hecho de que Dios le enseñe. Para él, aprender conduce a una alabanza desbordante.

En Nehemías 8 encontramos el mismo vínculo directo entre la enseñanza y la alabanza. Allí leemos que, con todo el pueblo de pie y escuchando, se leyó y se enseñó la ley de Dios durante toda una semana. Y lloraron. Y luego se regocijaron. Y la razón principal de su regocijo era que ahora, mediante la enseñanza de los levitas, pudieron entender las palabras que acababan de escuchar (Neh 8.12). Pablo expresa un punto similar cuando exhorta a los creyentes corintios a no dejarse llevar por la adoración en el Espíritu al punto de olvidarse de la importancia de alimentar también la mente (1Co 14.14–19).

Es una tragedia que los cristianos separen el aspecto de la vida devocional —es decir, lo que se conoce como el «tiempo de adoración»— del tiempo de aprendizaje y entendimiento de la Palabra de Dios; o incluso que se los trate como aspectos opuestos el uno al otro, pues ambos son vitales. Este salmista anhela que se le enseñe para poder adorar y alabar mejor a Dios.

- ¿Cuáles son las razones más comunes por las que alabamos a Dios? ¿Alguien del grupo dio como respuesta su «enseñanza»? Si no, o si no fue una de las primeras respuestas que se mencionaron, ¿qué refleja ello sobre lo que es importante para nosotros y acerca de aquello por lo que estamos agradecidos?

b. Enseñanza, vida práctica y obediencia (vv. 26, 33)

El segundo punto que se debe remarcar es que la oración del salmista, que le pide a Dios que le enseñe, está vinculada con la vida práctica y la obediencia.

> Tú me respondiste cuando te hablé de mis caminos.
> ¡Enséñame tus decretos! (v. 26)

> Enséñame, SEÑOR, a seguir tus decretos,
>> y los cumpliré hasta el fin. (v. 33)

Hay veces en que decimos que debemos rendir cuentas unos a otros por nuestras palabras y acciones. En el versículo 26, el salmista habla de rendirle cuentas a Dios.

- ¿Hacemos esto al final de cada día? Conversen acerca de cómo esto podría afectar nuestra motivación para estudiar las Escrituras.

c. La enseñanza, el carácter de Dios y su obra (vv. 64, 68, 124, 135)

El tercer punto que se debe remarcar es que la oración del salmista está vinculada con el carácter de Dios y su obra.

> Enséñame, SEÑOR, tus decretos;
>> ¡la tierra está llena de tu gran amor! (v. 64)

> Tú eres bueno, y haces el bien;
>> enséñame tus decretos. (v. 68)

> Trata a tu siervo conforme a tu gran amor;
>> enséñame tus decretos. (v. 124)

> Haz brillar tu rostro sobre tu siervo;
>> enséñame tus decretos. (v. 135)

Muchos creen que la *ley* de Dios es lo opuesto a su *amor*. En el Antiguo Testamento, sin embargo, la ley de Dios era considerada uno de los regalos supremos de su bondad al pueblo que tanto amaba y que había redimido de la esclavitud. Habría sido un escándalo para el salmista sugerirle que el estudio de la ley era un ejercicio legalista y árido. ¡No era nada de eso! Era un aprendizaje profundo y personal con el misericordioso maestro divino. Es como si el salmista le dijera a Dios: «Señor, quiero que *tú*, tú personalmente y solo tú, seas mi maestro, por tu bondad, tu amor y tu presencia personal y compasiva conmigo».

Antes dije que «a nadie se le olvida una buena profesora o un buen profesor». El salmista quiere aprender de este docente porque es bueno y amoroso. Además, este maestro está presente con su alumno, porque el «rostro» de Dios significa que él está allí mismo en el aula.

- ¿Qué diferencia marcará en nuestro estudio de la Biblia si recordamos que lo hacemos en presencia de nuestro bondadoso y amoroso maestro?
- Tú o tu grupo se dedican en estos momentos a estudiar la Biblia. Dios es tu maestro porque es su Palabra la que están estudiando. ¿De qué manera puede este estudio de la Biblia conducir a la alabanza, la obediencia y la celebración del carácter de Dios?
- Si eres predicador, ¿de qué manera podrías predicar de modo que, a pesar de estar enseñándole a tu congregación, puedan darse cuenta de que no te comportas como un estricto director de un colegio, sino como un aprendiz más en la escuela de Dios, dispuesto a aprender de su Palabra como un estudiante más?

3. «Dame entendimiento» (vv. 27, 34, 73, 104, 125, 144, 169)

En hebreo «entendimiento» significa saber discernir o percibir con mayor profundidad lo que los ojos son capaces de ver. Es la capacidad de ver por debajo de la superficie de las cosas. Es la sabiduría práctica que acompaña a la madurez y la experiencia, pero que también se puede enseñar y aprender, hasta cierto punto. Por sobre todo, es un don de Dios por el que debemos orar. De hecho, en el Nuevo Testamento, la sabiduría aparece entre los dones del Espíritu (1Co 12.8).

Así como la plegaria en la que le pide a Dios que le enseñe, la oración del salmista solicita también entendimiento, lo cual se entreteje en una misma trama.

a. El entendimiento y Dios como Creador
(vv. 27, 73)

El primer hilo de la trama consiste en que el entendimiento está estrechamente ligado a Dios como Creador.

> Hazme entender el camino de tus preceptos,
> y meditaré en tus maravillas. (v. 27)

> Con tus manos me creaste, me diste forma.
> Dame entendimiento para aprender tus
> mandamientos. (v. 73)

Aquí se sugiere que entender la enseñanza moral de Dios sucede *antes* de considerar su creación.

* * *

- Evalúa las repercusiones de la frase anterior respecto a la relación entre la religión/la moral y la ciencia.

* * *

b. El entendimiento y la obediencia moral
(vv. 34, 104)

El entendimiento está estrechamente vinculado con la obediencia moral, especialmente con evitar lo malo.

> Dame entendimiento para seguir tu ley,
> y la cumpliré de todo corazón. (v. 34)

> De tus preceptos adquiero entendimiento;
> por eso aborrezco toda senda de mentira. (v. 104)

Todo el propósito de *aprender de* Dios se relaciona con *vivir para* Dios. Compara los versículos anteriores con Proverbios 1.1–7.

* * *

- ¿De qué manera ha socavado la sociedad este orden de prioridades al sustituir el discernimiento moral por la sabiduría intelectual y académica (o la maravilla de la tecnología)?

- ¿Podrías dar ejemplos de ocasiones cuando tu crecimiento en el entendimiento cristiano te ayudó a rechazar algún mal camino o a tomar una decisión equivocada?

c. El entendimiento y la relación personal con Dios (vv. 125, 144, 169)

El salmista vincula muy de cerca el entendimiento y la relación personal con Dios.

> Tu siervo soy: dame entendimiento
>> y llegaré a conocer tus estatutos. (v. 125)

> Tus estatutos son siempre justos;
>> dame entendimiento para poder vivir. (v. 144)

> Que llegue mi clamor a tu presencia;
>> dame entendimiento, Señor, conforme a tu palabra.
>> (v. 169)

Estos versículos reiteran un punto que resalté en la introducción de este libro: que este salmo no trata sobre la ley en sí misma, sino, más bien, acerca de una relación personal con Dios. El anhelo del salmista es crecer en el entendimiento, es decir, en la sabiduría intelectual y moral que fluye de una relación con el Señor. En estos versículos, Dios es el Señor, dador de la vida y el que nos ayuda. El salmista es sencillamente un siervo de Dios. Necesita del Señor para que le dé vida, y se encuentra en tal necesidad que clama a Dios por su ayuda.

- ¿Qué papel juega la humildad en lograr el entendimiento bíblico?
- ¿Qué papel juega la humildad en pedirle a Dios que nos ayude a entender un texto de la Biblia a fin de predicarlo bien? ¿Y cómo nos mantenemos humildes cuando responde a nuestra petición?

Para mayor investigación

Lee: 1 Corintios 1.24–30.

¿De qué manera se relaciona el anhelo del salmista por la búsqueda de enseñanza y entendimiento con la declaración de Pablo respecto a que toda sabiduría está disponible para nosotros por medio de nuestra relación con Dios en Cristo?

Para reflexionar

¿Por qué consideramos que es confuso seguir un sermón que diga: «Y ahora el grupo de música nos dirigirá en la alabanza a Dios»? ¿Qué significa todo ello? ¿Qué te ha enseñado este salmo respecto a la manera en que debemos entender la alabanza?

Concluye este capítulo con un tiempo de oración y adoración a Dios por lo que es Él y por lo que ha hecho.

El pecado personal
y la Palabra de gracia

Salmo 119.9–16

El pecado personal
y la Palabra de gracia

Introducción a la tercera parte

John Bunyan escribió un libro titulado *El progreso del peregrino*, en el que un hombre llamado Cristiano emprende un viaje con una pesada carga de pecado atada a su espalda. Este hombre anhela deshacerse de esa carga, pero no puede. Así que sigue adelante, soportando todo tipo de dificultades, hasta que llega finalmente al pie de la cruz. Allí, en un momento dramático, su carga de pecado se cae y rueda por una colina hacia un gran agujero para no ser vista nunca más.

Algunos salmos presentan una imagen parecida a esa pesada carga del pecado. El escritor del salmo 32, por ejemplo, describe claramente que se sentía seco, aplastado y consumido cuando vivía con un pecado sin confesar, el cual, al intentar encubrirlo, lo carcomía por dentro. Pero, al descubrirlo ante Dios, entonces el Señor pudo sepultarlo con su gracia perdonadora.

El salmo 51 probablemente sea la confesión de pecado más extensa de todo el libro de los Salmos. Contiene reflexiones profundas, intensas contriciones y plegarias por purificación y restitución. Salmos como este surgen de profundos convencimientos, por lo general a raíz de algún pecado específico. Los escritores claman arrepentidos con su espíritu quebrantado. Momentos como estos son intensamente dolorosos; pero, por la gracia de Dios, también pueden ofrecer una maravillosa restitución y nuevos bríos de esperanza. El arrepentimiento genuino conduce al perdón del Señor, lo cual genera un gozo indescriptible por el hecho de saber que pertenecemos a la comunión de los que han sido perdonados.

A pesar de que el salmo 119 no es realmente un salmo de confesión, también muestra preocupación por el pecado. El escritor no manifiesta que está desesperadamente arrepentido porque *ha pecado*; más bien, sufre de una profunda ansiedad por *no haber pecado*. Quizá esta preocupación surge de experiencias anteriores, parecidas a las que se ven en los salmos 32 y 51. Conociendo esta experiencia, de haber tenido que clamar a Dios por su misericordia y desear ante todo haber podido enmendar el pasado, el salmista está decidido a no volver a estar en esa misma situación. Así que, lo que encontramos en este salmo no es una *confesión* de pecado, sino una *conciencia* del pecado y una clara voluntad de hacer todo lo posible para evitarlo.

En los capítulos de esta parte prestaremos atención al salmista, a su conciencia del pecado y a los efectos que produce en el ser humano, a su estrategia para evitarlo y a la extraordinaria respuesta al pecado de parte de este creyente del Antiguo Testamento que no sabía nada de Jesús y la cruz.

Capítulo 5

La conciencia del pecado

Objetivo: Profundizar nuestra conciencia respecto a los efectos del pecado en nuestras vidas.

Tema central

Jesús toma muy en serio el pecado. Si tienes dudas, lee Mateo 18.7–9, donde Cristo, con una imaginación muy creativa, nos dice que sería mejor quedar mutilado que simplemente seguir pecando. Sus palabras son un desafío para nosotros: ¿tomamos suficientemente en serio nuestros propios pecados?, ¿tratamos de justificar los pecados «pequeños»? Al comenzar este capítulo, aparta un tiempo para orar y pedirle a Dios que te haga más sensible al pecado. Luego, mientras lees y reflexionas en torno a los versículos que se citan, considera si el Señor te está hablando también a ti respecto a algún aspecto en particular de tu vida.

Lee: salmo 119.129–136

Versículo clave: salmo 119.133

Estructura

1. El pecado conduce a la vergüenza y a la desgracia (vv. 6, 31, 39)
2. El pecado nos extravía (vv. 67, 101, 104, 128)

3. El pecado termina por gobernar y dominar nuestras vidas (v. 133)
4. Realista y radical

¿Cómo evalúa el salmista la gravedad del pecado? ¿Qué efectos causa en las personas? En este capítulo exploraremos la conciencia del pecado bajo los siguientes tres encabezados: lleva a la vergüenza y la desgracia, el pecado nos extravía, y termina por gobernar y dominar nuestras vidas.

1. El pecado conduce a la vergüenza y la desgracia (vv. 6, 31, 39)

No tendré que pasar vergüenzas
cuando considere todos tus mandamientos. (v. 6)

Yo, Señor, me apego a tus estatutos;
no me hagas pasar vergüenza. (v. 31)

Líbrame del oprobio que me aterra,
porque tus juicios son buenos. (v. 39)

Tendemos a asociar la vergüenza con notas periodísticas acerca de profesores que han sufrido la degradación pública, políticos que han llevado una doble vida, o hijos o hijas que han deshonrado el nombre de su familia.

La primera respuesta al pecado fue la vergüenza. En el jardín del Edén, Adán y Eva intentaron cubrirse y esconderse de Dios. La vergüenza es el deseo urgente de cubrirse, de ocultarse de la mirada de otros. Sucede cuando uno es descubierto y teme ser avergonzado, especialmente en culturas donde el desprestigio o la deshonra es algo que se busca evitar a toda costa. Hay otros salmos que también expresan este temor de ser avergonzados. Lee, por ejemplo, el salmo 25.1–2, 20. El salmista quiere que Dios lo proteja de la vergüenza pública que sufriría si fuese falsamente acusado y la gente creyese las acusaciones.

Pero el verdadero pecado (no solo la falsa acusación) debería producir vergüenza. Hay una genuina vergüenza interior que debemos sentir cuando, estando conscientes en nuestros corazones, nos presentamos descubiertos ante Dios. Cuando las personas pecan sin sentir vergüenza, se hallan en un estado espiritual seriamente insensible.

Parte del sufrimiento de la crucifixión era la vergüenza pública que se infligía en la víctima. Era común que la víctima fuese crucificada desnuda, agravando aún más el oprobio público. Así que para Jesús la cruz no solo significó que debía cargar con nuestro pecado; también soportó nuestra vergüenza. Es decir, se responsabilizó por el desprecio, la vergüenza y el abuso que nos pertenecían. Uno de los dos ladrones reconoció esto, pero el otro simplemente se sumó al abuso.

Esta dimensión de la cruz llegó a impactarme solo cuando, en una ocasión, llegué a un profundo arrepentimiento por un comportamiento que había estado bien oculto. Si ello hubiese quedado al descubierto, yo habría caído en desgracia. Al llevar mi pecado ante la cruz para recibir perdón, de pronto me di cuenta de que Jesús de hecho se había responsabilizado de aquella vergüenza que Él ya debía haber conocido. No solo hallé perdón y limpieza en la sangre de Cristo, sino también protección de la vergüenza, tal como la plegaria del salmista. Fue una experiencia que me tranquilizó.

> *Con vergüenza y dolor,*
> *Por mí mismo Él sufrió;*
> *Con su sangre me salvó;*
> *¡Aleluya! ¡Jesucristo!*[3]

Hoy en día la noción entera del pecado ha dejado de tener sentido para muchas personas. La pérdida de toda conciencia respecto a un Dios personal trascendente, ante quien somos moralmente responsables, ha producido una pérdida del sentido de culpabilidad por haberlo ofendido o haber hecho algo que en cierto sentido objetivo esté mal. Ello ha sido sustituido por un sentimiento de vergüenza. Pero

---

[3] Nota del editor: El himno original en inglés es *Man of Sorrows, what a name*, compuesto por Philip Bliss (1875). Puesto que no existe traducción al español, he incluido una traducción *ad hoc* basada en el heptasílabo original (la estrofa final es octosílaba).

ni siquiera tiene el mismo sentido bíblico de la vergüenza, es decir, de aquella vergüenza por estar en la presencia de Dios. Se trata más bien de una vergüenza interna por la brecha entre la «persona» que proyectamos (esto es, nuestra imagen externa, que se fundamenta en las historias que contamos de nosotros mismos y difundimos en nuestras publicaciones en las redes sociales) y la persona que sabemos que somos por dentro. Nos sentimos literalmente avergonzados de «nosotros mismos».

Uno de los desafíos que enfrentamos para la comunicación del evangelio liberador del que habla la Biblia es cómo responder a este fenómeno cultural. Los términos que solemos usar como cristianos quizá ya no tengan ningún sentido fuera de nuestro entorno. ¿Cómo encontramos maneras de comunicar la verdad de la que habla la Biblia recurriendo a lenguajes y conceptos que tengan sentido?

- ¿Qué clase de desgracia crees que temía el salmista y de qué manera crees que ello sigue siendo pertinente para el día de hoy?
- ¿Cómo crees que deberíamos enfrentar el problema de la falta del sentido del pecado y la existencia de un sentimiento retorcido de vergüenza en nuestra sociedad?

2. El pecado nos extravía (vv. 67, 101, 104, 128)

Ya hemos visto en este salmo que una de las imágenes favoritas que describen la vida del creyente es la de andar por un camino. El salmista quiere que Dios lo dirija por buenos y rectos senderos. A la vez quiere evitar andar por caminos equivocados. Y el pecado siempre nos lleva a la senda errada. Cuando a propósito hacemos lo que sabemos que no agrada al Señor, estamos tomando un camino equivocado, y ello tiende a conducirnos a otro sendero errado (mientras tratamos de encubrir el primer pecado), y luego a otro, hasta que terminamos muy lejos de donde Dios quiere que estemos. Observa algunos de los versículos en los que el salmista busca evitar aquel destino.

> Antes de sufrir anduve descarriado,
>> pero ahora obedezco tu palabra. (v. 67)

> Aparto mis pies de toda mala senda
>> para cumplir con tu palabra. (v. 101)

En el versículo 67, el salmista sugiere que sus aflicciones (sus sufrimientos) le han impedido extraviarse; ahora está decidido a ser obediente:

> De tus preceptos adquiero entendimiento;
>> por eso aborrezco toda senda de mentira. (v. 104)

> Por eso tomo en cuenta todos tus preceptos
>> y aborrezco toda senda falsa. (v. 128)

Obviamente, los caminos equivocados también pueden ser peligrosos. Una vez que nos damos cuenta de que vamos por una mala senda, lo mejor es girar y dar marcha atrás. El pecado siempre comienza con un paso; luego se convierte en una serie de pasos que nos llevan cada vez más lejos por el camino equivocado. Cuanto más lejos avancemos, más difícil será dar marcha atrás. Así que el sabio consejo de este salmista es hacer todo lo posible para evitar ese primer paso.

- - -

- ¿Se te ocurre algún momento en tu vida cuando, por causa de los sufrimientos, pudiste reconciliarte con la Palabra de Dios? Conversa de ello con el grupo.
- «Aborrezco toda senda de mentira» (v. 104). ¿Cómo podemos fomentar esta actitud sin llegar a ser santurrones o creernos espiritualmente superiores?

- - -

3. El pecado termina por gobernar y dominar nuestras vidas (v. 133)

El pecado se convierte en un implacable amo y terminamos como sus esclavos. Esto es exactamente lo que Dios le dijo a Caín que haría el pecado (Gn 4.7). En este caso, nuestra teología coincide con nuestra experiencia personal. Como dijo un amigo mío que trabajaba con drogadictos: «Cuando se trata del pecado, todos somos adictos en recuperación». El pecado tiene una capacidad adictiva para dominarnos y atraparnos. La Biblia nos lo advierte. Solo el poder de Dios puede librarnos y después protegernos. Por eso, nuestro salmista le ruega a Dios que lo dirija por el camino correcto para evitar que el pecado lo gobierne y lo domine.

> Guía mis pasos conforme a tu promesa;
>> no dejes que me domine la iniquidad. (v. 133)

- ¿Qué ideas adicionales respecto a este versículo puedes ver en Romanos 6.11–14?
- ¿De qué maneras se revela el «reino del pecado» en nuestras vidas?
- Si eres predicador, ¿estas plenamente consciente cuando le hablas a tu congregación sobre el pecado, de la presencia del pecado en tu propia vida? ¿Y estás tan consciente respecto al peligro del pecado como lo estuvo este salmista? Solo podemos predicarles a los demás si, como pecadores que somos, nos hemos arrepentido y hemos sido perdonados.

4. Realista y radical

La Biblia tiene mucho más que decir respecto al pecado en muchas otras partes, incluso en otros salmos. Meditar sobre nuestra propia experiencia como pecadores rápida y fácilmente nos puede señalar muchas otras formas en que fallamos. No debemos tomar nuestro fracaso a la ligera. La Biblia espera que seamos realistas y radicales con nuestra actitud hacia el pecado. Debemos recordar constantemente que este nos ofrece excelentes promesas, pero no logra cumplir ninguna de ellas.

- Promete diversión y emoción, pero produce dolor y tragedia.
- Promete libertad, pero produce esclavitud y adicción.
- Promete vida y plenitud, pero produce vacío, frustración y muerte.
- Promete ganancias, pero produce pérdidas.
- Promete que uno puede salirse con la suya, pero aquello jamás sucede.

El salmo 119 incluye una sobria advertencia. Debemos estar conscientes de que el pecado es real, al igual que las consecuencias que produce en los seres humanos. Es necesario reconocer esto y enfrentarlo. Debemos ser realistas con nosotros mismos.

Para mayor investigación

Lee: salmo 51.

Lee el salmo 51 y únete a la plegaria de David. Pide que el Señor nos renueve y purifique. ¿Hay algún área en particular de tu vida que necesitas llevarla ante Dios?

Para reflexionar

Termina este capítulo con una confesión de pecado y una oración de agradecimiento a Dios por la realidad de su perdón en Cristo. El pecado es algo serio, pero como cristianos sabemos que en última instancia podemos confrontar nuestro pecado en la cruz de Cristo. Permite que este último pensamiento dé forma a tus oraciones y tu respuesta a Dios.

Capítulo 6

Evitar el pecado: fortalecer nuestra mente y voluntad

Objetivo: Fortificar nuestra resistencia al pecado y nuestra confianza en la misericordia de Dios.

Tema central

Efesios 6.10–18 usa la imagen de una batalla y nos exhorta a ponernos «toda la armadura de Dios». Lee estos versículos y guarda estas imágenes en la mente al leer este capítulo. Evitar el pecado no es algo que podamos hacer de una manera pasiva; requiere que pongamos manos a la obra.

Lee: salmo 119.9–16

Versículo clave: salmo 119.11

Estructura

1. Hacer uso de nuestra mente (vv. 9, 11, 13, 15)
2. Hacer uso de nuestra voluntad (vv. 30, 101, 106, 112)

¿Cómo podemos resistir el pecado? La Biblia nos dice que el pecado afecta profundamente a toda la persona humana.

> Al ver el Señor que la maldad del ser humano en la tierra era muy grande y que todos sus pensamientos tendían siempre hacia el mal, se arrepintió de haberlo creado y le dolió en el corazón. (Gn 6.5–6)

No hay una sola parte de la personalidad humana que no haya sido arruinada por el pecado. Las dimensiones física, espiritual, intelectual, emocional, volitiva y relacional de la vida humana están todas retorcidas y desfiguradas por la infección del pecado. Los capítulos 3 al 11 de Génesis muestran de forma muy clara lo que esto significa (ver también Ro 1.18–32; 2.9).

Entonces, si cada parte de nosotros ha sido afectada por el pecado, tenemos que involucrar a cada parte de nosotros mismos para resistirlo. Y eso es exactamente lo que hace el salmista. Al leer sus palabras, podemos ver distintas tácticas que usa en su lucha por evitar la tentación y el pecado. Analicemos entonces la estrategia del salmista y veamos lo que puede enseñarnos para nuestras propias batallas. En este capítulo meditaremos en el ejercicio de nuestras mentes y voluntades. Y en el siguiente, lo haremos en torno al fortalecimiento de nuestras emociones y nuestra fe, todo ello con el objetivo de evitar el pecado.

1. Hacer uso de nuestra mente (vv. 9, 11, 13, 15)

Como hemos visto una y otra vez, este salmo está lleno de referencias a la Palabra de Dios. El autor nos dice que invierte mucho tiempo y energía *meditando* en ella. No lo ve como un ejercicio académico; más bien, su propósito específico es evitar el pecado y mantenerse en el camino correcto. De hecho, toda la segunda estrofa del poema (vv. 9–16) trata de ello, comenzando por la pregunta que estamos teniendo en cuenta:

> ¿Cómo puede el joven llevar una vida íntegra?
> Viviendo conforme a tu palabra. (v. 9)

La segunda línea de este versículo, esto es, la respuesta a la pregunta del salmista, podría traducirse más literalmente como «*guardándola* según tu Palabra». Significa poner bajo el juicio de la Palabra de Dios cada paso que tomamos en la vida, cada decisión, cada oportunidad o tentación y luego preguntarnos: ¿qué dice la Biblia al respecto?

> En mi corazón atesoro tus dichos
> para no pecar contra ti. (v. 11)

> Con mis labios he proclamado
> todos los juicios que has emitido. (v. 13)

> En tus preceptos medito,
> y pongo mis ojos en tus sendas. (v. 15)

El salmista no solo enumera o habla de las leyes de Dios; también medita en ellas y las atesora en su corazón. Si recorremos rápidamente todo el salmo, encontramos muchas más indicaciones de que está decidido a prestar a las Escrituras la seria atención mental que merecen. Nos queda claro que está *pensando* en la Palabra de Dios; pero no solo para poder componer canciones religiosas que calmen su corazón, sino para estudiarla con regularidad y atención, lo que le produce gran alegría y deleite, que es como debe ser.

¿Por qué le da tanta prioridad al estudio de la ley de Dios? Está convencido de que, al profundizar continuamente su conocimiento de las Escrituras, se fortalecerá su capacidad para evitar el pecado. Si quisiéramos usar una metáfora moderna, podríamos decir que considera la Palabra de Dios como una especie de desinfectante para deshacerse de los gérmenes del pecado. Las siguientes son algunas de las formas en las que hace ello:

- La Biblia nos mantiene en mayor contacto con la mente de Dios. Esto significa que cuanto más la conozcamos, más sensibles seremos para detectar el pecado. Estaremos más al tanto respecto a las prioridades de Dios, y no admitiremos a la ligera los prejuicios o el legalismo de la tradición a la que pertenecemos.

- La Biblia, con el fin de que nos beneficiemos de ellos, incluye muchos ejemplos de las clases de tentaciones a las que estamos expuestos. Entonces, mientras la leamos, debemos preguntarnos: «¿Hay aquí un ejemplo que debo seguir o un error que debo evitar?». Las historias de la Biblia poseen un gran poder didáctico porque desarrollan nuestra conciencia del pecado o lo que podríamos llamar nuestros «sensores» para el pecado.

- La Biblia nos ofrece un arma poderosa contra la tentación. Pablo describe la Palabra de Dios como «la espada del Espíritu» (Ef 6.17). Las Escrituras han sido inspiradas por el Espíritu. Por ello, cuanto más llenemos nuestros corazones y mentes con ellas, estaremos mucho más preparados para enfrentar las batallas que tenemos por delante.

- La Biblia desenmascara implacablemente nuestras excusas. Es «más cortante que cualquier espada de dos filos» (Heb 4.12). Uno de sus efectos, al menos según mi experiencia, es que rápidamente desarticula nuestra tendencia a justificar y excusar nuestros pecados. Mientras intentamos toda clase de malabares para explicar las razones por las que no pudimos evitar pecar o por qué en realidad no fue nuestra culpa, la Biblia permanece inamovible y nos condena: «¿En serio, mi amigo?, ¿a quién pretendes engañar?».

- La Biblia nos advierte. Nos decimos a nosotros mismos: «Puedo salirme con la mía; nadie lo sabe». Entonces ella nos susurra: «... pueden estar seguros de que no escaparán de su pecado» (Nm 32.23).

- La Biblia desbarata nuestras ilusiones. Nos decimos a nosotros mismos: «Dios no se va a molestar tanto; es demasiado bueno como para hacer un escándalo por lo que estoy haciendo». Entonces ella responde con una estruendosa advertencia: «No se engañen: de Dios nadie se burla. Cada uno cosecha lo que siembra» (Gá 6.7).

Cuanto más nuestro corazón, nuestra mente, nuestra alma y nuestra sangre absorban las Escrituras, más difícil nos será pecar holgadamente. La Biblia despierta nuestra conciencia y nos dirige de regreso a Dios, con arrepentimiento y el anhelo de vivir de una manera que le agrade. Llenemos, pues, nuestras mentes con ella cuanto más podamos.

- -

- ¿De qué maneras podemos meditar en la Palabra de Dios en nuestro estudio personal de la Biblia y en nuestro estudio grupal? ¿Qué significa «meditar» en la Palabra de Dios?

- ¿Puedes dar ejemplos respecto a la manera en que la Palabra de Dios te ha servido como una especie de desinfectante para tu propia vida?

2. Hacer uso de nuestra voluntad (vv. 30, 101, 106, 112)

El salmo 119 muestra una gran resolución para efectuar las cosas. El salmista no deja ninguna duda en cuanto a lo que está *decidido* a realizar y a no realizar. *Ha elegido* hacer lo bueno y *ha elegido* no hacer lo malo. No hay modo de saber cómo le fue en el cumplimiento de su decisión. El salmista era tan humano como el resto de nosotros, así que sin duda falló con bastante frecuencia. Pero el punto es que estaba resuelto a evitar el pecado, y sabía que debía fortalecer su voluntad en aquella dirección, así como ejercitar su mente mediante el estudio de la Palabra de Dios. Lee los siguientes versículos:

> He optado por el camino de la fidelidad,
>> he escogido tus juicios. (v. 30)

> Aparto mis pies de toda mala senda
>> para cumplir con tu palabra. (v. 101)

El versículo 30 revela un ejercicio positivo de la voluntad (lo que hará), en tanto que el 101 expresa lo negativo (lo que no hará). Tiene muy en claro lo que ha elegido hacer y se ha entregado de lleno a su decisión:

> Hice un juramento, y lo he confirmado:
>> que acataré tus rectos juicios. (v. 106)

> Inclino mi corazón a cumplir tus decretos
>> para siempre y hasta el fin. (v. 112)

Si no tenemos metas a largo plazo en la mira, acabaremos por seguir nuestros impulsos, es decir, las primeras ideas que vienen a nuestra mente cuando despertamos y pensamos: «Bueno, ¿hoy qué voy a hacer?». Muchos prefieren vivir así. Les tienen pavor a los compromisos a largo plazo; prefieren optar por un enfoque a corto plazo para todos los asuntos de la vida. Esto da como resultado ciertas formas muy relajadas de vivir como cristianos. Si nuestros corazones, es decir, nuestras voluntades, se proponen hacer algo «hasta el final», seremos calificados como muy distintos de quienes nos rodean.

Es importante que reconozcamos que el pecado *es* una cuestión de la decisión y la voluntad. Claro que, por supuesto, también se relaciona con la tentación, la seducción y la incitación. A veces, sencillamente uno se tropieza y se cae de bruces antes de ver la trampa; pero no tenemos por qué caer cuando se nos presenta la tentación.

El primer pecado que aparece en la Biblia fue una decisión. Después de la conversación entre la serpiente y Eva, en la cual la primera condujo a la segunda a cuestionar los propósitos de Dios y a dudar de su bondad, aquella no vuelve a aparecer más en la historia hasta que el Señor la convoca para su juicio. La serpiente no le ofreció a Eva un vaso de zumo fresco de fruta y la obligó a tomarlo. Ella vio, pensó, tomó, comió, compartió, y Adán también comió. Ambos *eligieron* desobedecer. No fueron obligados a hacerlo.

Puede sonar extraño decirlo así, pero no tenemos que pecar. Me explico. Cuando digo «no tenemos que pecar», no quiero decir que podemos alcanzar un estado sin la presencia del pecado o que alcancemos la perfección moral. De hecho, *sí pecamos*. Nacemos con el legado del pecado. Somos seres humanos caídos, tal como Adán, y el pecado forma parte de nuestra naturaleza humana caída. En efecto, tal como lo expresa Juan: si decimos que no pecamos, nos engañamos a nosotros mismos y además hacemos pasar a Dios por mentiroso (1Jn 1.8–10). Pero esta tendencia congénita hacia el pecado no elimina el hecho de que somos moralmente responsables de nuestras decisiones y acciones. La característica esencial del pecado consiste en que deliberadamente elegimos hacer lo que *sabemos* que no debemos hacer, y no hacemos lo que *sabemos* que deberíamos hacer. Esta es la realidad de la experiencia humana y es con lo que Pablo lucha en Romanos 7. Se trata de una decisión que tomamos; no se nos obliga a pecar. No somos robots ni títeres ni tampoco animales que actúan por instinto. Somos seres humanos moralmente conscientes, a quienes Dios ha dado el don de elegir, de ejercer nuestra propia voluntad.

Así que, por todas estas razones, es vital que fortalezcamos nuestra *voluntad* dirigiéndola hacia la voluntad de Dios. Al igual que este salmista, tenemos la obligación de pensar, escoger, tomar medidas y pasos, así como decidir qué hacer y qué no.

Por supuesto que todos fallamos. Pero esto no significa que no tiene sentido esforzarse y rogar a Dios para que moldee nuestra voluntad según la suya. El Espíritu Santo nos persuade con gracia; obra dentro de nosotros para que deseemos lo que Él quiere y escojamos lo que Él elegiría.

Un ejemplo bíblico quizá nos sea útil. ¿Qué hizo José ante la tentación sexual? La resistió y luego, cuando se presentó delante de Potifar, su amo y benefactor, le dijo por qué rechazó el pecado para recalcarle sus prioridades y su lealtad a él y a Dios. José se mantuvo firme en su decisión a pesar de haber sido tentado «día tras día». Así que, cuando la tentación se volvió a presentar, esta vez con una invitación física insistente, partió de una manera urgente (Gn 39.7–12).

Cuando uno decide rechazar el pecado lo más pronto posible, se fortalece para la próxima vez en que se presenten tentaciones más severas. Tengo un amigo joven contador a quien, cuando recién empezó a trabajar para una empresa, uno de los dueños de esta le pidió que diera su visto bueno a algunos registros contables que contenían irregularidades. Esto despertó el interés de su conciencia; sencillamente no podía estar de acuerdo con esa ética de trabajo. Pero si se negaba, pondría en riesgo su empleo y el futuro de su carrera. Él y yo conversamos acerca de su dilema y revisamos los numerosos pasajes bíblicos que hablan del valor supremo que Dios concede a la integridad y la honestidad, así como del alto precio que implica vivir según ese estándar.

Por supuesto que a veces fracasamos en cumplir con nuestras resoluciones, pero la Biblia es honesta y registra tanto los fracasos como los éxitos. Los discípulos prometieron que jamás negarían a Jesús y que morirían con Él si hubiese sido necesario. Sin embargo, cuando lo apresaron, todos, excepto Pedro y Juan, lo abandonaron y huyeron, y luego Pedro incluso negó conocerlo. Sus grandes promesas duraron unas tres horas. ¡Qué fracaso! ¿Cuál fue la respuesta frente a aquel fracaso de la voluntad y el temple de Pedro? Sucedió hasta después de la resurrección, gracias al amor restaurador de Jesús, que lo volvió a comisionar. Así, Pedro el fracasado se convirtió en Pedro el perdonado. Aquel mismo Pedro, a partir de aquella experiencia, es el que nos escribe a los demás en sus dos epístolas.

- Conversa acerca de lo que significa «elegir el camino de la fidelidad». ¿Cómo se relaciona esto con tu propia experiencia y circunstancias personales?
- ¿Qué crees que es más difícil: obedecer en lo positivo o evadir lo negativo? ¿Por qué?
- En el versículo 106 el salmista habla de haber tomado un «juramento». ¿Cuál sería un equivalente culturalmente adecuado para nosotros?[4]
- Lee Daniel 1. ¿Cómo decidieron Daniel y sus amigos rendirle honor a Dios y a qué costo?

Para mayor investigación

Lee: 1 Pedro 5.8–10.

¿Qué dice Pedro que debemos hacer y qué promete que hará Dios? Otro pasaje paralelo que podemos considerar es Santiago 4.7–10. Nota que ambos pasajes involucran a nuestra voluntad. Hacemos uso de ella y Dios la fortalece.

Para reflexionar

¿Has pasado por situaciones en las que tuviste que resistir alguna tentación a pura fuerza de voluntad y, contra viento y marea, tomaste la decisión de hacer lo correcto? ¿Cuál fue el precio que tuviste que pagar por tu decisión? ¿Cuál fue el resultado final?

---

[4] Nota del editor: Obviamente, en el texto original, el autor se dirige al lector evangélico anglosajón, donde históricamente el asunto de los «juramentos» ha jugado un papel protagónico, no así en el mundo hispánico o, por lo menos, no con el mismo grado de intensidad o relieve.

Capítulo 7

Evitar el pecado:
fortalecer nuestras emociones
y nuestra fe

Objetivo: Animarnos a tener fe en la compasión y la misericordia de Dios.

Tema central

En el capítulo 6 estudiamos que el reto de evitar el pecado incluye el ejercicio de nuestras *mentes* en torno a la Palabra de Dios y de nuestras *voluntades* a fin de que lo que elijamos hacer y llevemos a cabo concuerde con la voluntad del Señor. Pero el autor del salmo 119 no es solo un frío intelectual, con una cabeza llena del conocimiento de la Biblia y de la sana doctrina. Tampoco es una persona que impone una férrea disciplina y que posee un tremendo autocontrol y una testaruda voluntad. Todo lo contrario, el salmista expresa *sentimientos* muy profundos y no duda en expresar emociones muy intensas. En este capítulo estudiaremos la manera en que enfrentamos al pecado por medio de nuestras emociones y nuestra fe.

Lee: salmo 119.73–80, 153–160

Versículo clave: salmo 119.132

Estructura
1. Hacer uso de nuestras emociones (vv. 53, 104, 128, 136, 158, 163)
2. Hacer uso de nuestra fe (vv. 11, 29, 41, 76, 77, 132)

El libro de Apocalipsis contiene una fuerte advertencia contra los riesgos de ser cristianos emocionalmente tibios (Ap 3.15–17). Pero ¿cómo podemos evitar este peligro? Una manera de hacerlo es aprender del salmista a hacer uso de nuestras emociones para que sigamos estando conscientes de nuestros pecados. La otra forma es usar nuestra fe respecto a lo que Dios hace con el pecado.

1. Hacer uso de nuestras emociones (vv. 53, 104, 128, 136, 158, 163)

Entre las emociones que el salmista expresa con más intensidad, profundidad y con mayor frecuencia se encuentran sus reacciones al pecado y al mal. Luego de leer los siguientes versículos, describe con tus propias palabras la manera en que él se siente.

> Me llenan de indignación los impíos,
>> que han abandonado tu ley. (v. 53)

> De tus preceptos adquiero entendimiento;
>> por eso aborrezco toda senda de mentira. (v. 104,
>>> ver también el v. 128)

> Ríos de lágrimas brotan de mis ojos,
>> porque tu ley no se obedece. (v. 136)

> Miro a esos renegados y me dan náuseas,
>> porque no cumplen tus palabras. (v. 158)

> Aborrezco y repudio la falsedad,
>> pero amo tu ley. (v. 163)

Vemos aquí emociones bastante intensas. Parte de la razón por la que expresa estos sentimientos tan fuertes podría ser que la mente del salmista está tan llena de las Escrituras que refleja o repite algunos de los sentimientos y actitudes que Dios tiene contra el pecado. Los profetas hacen lo mismo. Todos los sentimientos del Señor se manifiestan en las palabras de ellos: su enojo, dolor, incredulidad, disgusto, sentido de traición, frustración, hasta su anhelo de mejores tiempos y hechos.

Cuando oímos al salmista expresarse así, quizás queramos reprocharle. Pero ¿acaso no está bien sentirse de este modo acerca del pecado y el mal si así es como el Señor se siente al respecto? Se nos ha llamado a compartir el odio de Dios por la maldad y, al mismo tiempo, evitar caer en el odio y el abuso hacia las personas implicadas. Eso es lo difícil. ¿Acaso no deberíamos orar más para que Dios nos haga más sensibles a nuestro propio pecado?

Si somos capaces de pecar sin que nos incomode, es porque hemos perdido gravemente el contacto con el corazón del Señor. Pero, si su Palabra llena nuestros corazones y nuestras mentes, entonces también nuestras emociones se verán afectadas por los sentimientos del corazón de Dios. Ello nos producirá cierta clase de reacción emocional contra el pecado, tanto contra el nuestro como con el del mundo.

Pero ¿será cierto que todo esto que el salmo 119 nos dice es sencillamente otro curso de «hágalo usted mismo» para la espiritualidad cristiana? ¿Lo podríamos publicar bajo el título: *El pecado y cómo evitarlo en tres sencillos pasos*? Hasta ahora suena como si todo lo que debemos hacer es leer la Biblia todos los días, pensar positivamente y mantenernos en sintonía con nuestras emociones.

Pero sugerir algo así es malinterpretar por completo lo que realmente sucede. La idea de que las reglas por sí solas pueden resolver el problema del pecado constituye legalismo, y el salmista no es ningún legalista. Además, la idea de que podemos solucionarlo mediante nuestros propios esfuerzos es contraria a lo que la Biblia enseña. Es muy cierto que el salmista quiere hacer todo lo posible para *evitar* pecar contra Dios. Tensa cada fibra de su mente, su voluntad y sus emociones para resistir el pecado (y lo mismo debemos hacer nosotros); pero también sabe que la respuesta final al pecado no está en sí mismo, por lo cual debe hacer uso de su fe, así como de sus emociones.

- Lee la advertencia a la iglesia de Laodicea en Apocalipsis 3.15–17. ¿Qué lecciones podemos aprender de este pasaje en cuanto a la manera que percibimos nuestros pecados? ¿Cuáles son los peligros de ser cristianos emocionalmente tibios?

2. Hacer uso de nuestra fe (vv. 11, 29, 41, 76, 77, 132)

En la «Introducción» dije que el salmo 119 no trata principalmente acerca de la ley, sino de Dios, y en particular de la relación del salmista con Él. El salmista no es alguien que quiera obedecer las reglas a rajatabla. En el versículo 11 nos dice por qué las quiere seguir:

> En mi corazón atesoro tus dichos
>> para no pecar contra ti.

Lo que no quiere es que el pecado y la insensatez dañen su relación con Dios. En esta relación, sabe que, cuando peque, la respuesta debe provenir del Señor.

Pero, entonces, ¿habrá alguna esperanza para este salmista? ¿Será cierto que este pobre creyente en Dios y en el Antiguo Testamento tendrá que esperar hasta que aparezca el Nuevo Testamento para tener alguna esperanza de encontrar gracia y perdón para su pecado?

¡Este planteamiento expresa una idea muy equivocada del Antiguo Testamento y del Dios de toda la Biblia! Esta opinión, muy común, a veces se basa en una interpretación equivocada de Juan 1.17 por causa de antiguas traducciones en las que leemos: «Pues la ley por medio de Moisés fue dada, pero la gracia y la verdad vinieron por medio de Jesucristo» (RVR, 1960). Aquel «pero» que aparece entre las dos partes de esa cita produce un contraste en la mente del lector, la cual no debería existir. Como dije, la segunda parte aclara la primera. Si quisiéramos añadir algo entre las dos, debería ser algo como «Efectivamente, y [...]». De hecho, la traducción «la gracia y la verdad *vinieron*» no es muy precisa que digamos. En realidad, Juan dice que «la gracia y la verdad *nos han llegado*». Es decir, la gracia y la verdad se hicieron visibles, auténticamente reconocibles por medio de la persona de Jesús. ¡Juan no quiere dar a entender a los lectores, en lo absoluto, que no había gracia ni verdad en el Antiguo Testamento! Todo lo contrario. El don de la ley por medio de Moisés fue, en sí mismo, una obra de la gracia de Dios. Por ello, Juan dice que «hemos recibido gracia sobre gracia» (Jn 1.16).[5]

Pero permitamos que el salmista hable por sí mismo. Lee los siguientes versículos, preferiblemente en voz alta y de modo pausado. Reflexiona sobre las maneras en que describe el carácter y la actitud de Dios.

> Mantenme alejado de caminos torcidos;
>> concédeme las *bondades* de tu ley. (v. 29)

> Envíame, Señor, tu *gran amor*
>> y tu salvación, conforme a tu promesa. (v. 41)

> Que sea *tu gran amor* mi consuelo,
>> conforme a la promesa que hiciste a tu siervo. (v. 76)

> Que venga *tu compasión* a darme vida,
>> porque en tu ley me regocijo. (v. 77)

> Vuélvete a mí, y tenme *compasión*
>> como haces siempre con los que aman tu nombre.
>> (v. 132)

Piensa en estas palabras. ¿Las has escuchado con atención? En ellas el salmista pide a Dios sus «bondades» y habla de su «gran amor», su «compasión» y su «consuelo». ¿No son todas estas las cualidades en las que confiamos, como cristianos, y por las que oramos cuando

---

[5] Nota del editor: Nos encontramos frente a un problema muy común en el universo de las traducciones. El autor ha querido recalcar las limitaciones de algunas traducciones, pero obviamente se basa en el idioma inglés. Felizmente, en este caso, tenemos también el mismo problema en español, donde la traducción de la Reina-Valera nos sirve de ejemplo para ilustrar el problema que causa una conjunción adversativa («pero»), la cual no existe en el texto griego. Otras traducciones como la NVI y LBLA recurren al pretérito perfecto compuesto o a la voz pasiva para intentar una mejor traducción de la segunda parte de este versículo. Sin embargo, hay que reconocer que ninguna traducción es perfecta (*traduttore, traditore*) y que la responsabilidad de interpretar correctamente el mensaje de la Palabra recae, en el mundo protestante, sobre sus lectores (contrariamente a lo que sucede en el Magisterio de la Iglesia Católica).

confesamos nuestros pecados ante Dios? Podemos hacer todo lo posible por evitar el pecado, pero la única respuesta a él la encontramos en el Señor; específicamente en su gracia, su amor, su consuelo, su compasión, su misericordia y su salvación. Y estas cualidades son exactamente las que el salmista y otros creyentes del Antiguo Testamento conocían y amaban del carácter de Dios.

¿Cómo sabía el salmista esto acerca del Señor, Dios de Israel? Encontramos la respuesta en el versículo 29, donde se mencionan la gracia y la ley al mismo tiempo: «… dame la gracia de tu ley» (Biblia de Jerusalén). Pero, cabe la pregunta, ¿cómo es que la ley revela el amor y la gracia de Dios?

Para responder esta pregunta, se debe recordar que para los israelitas «la ley» era la Torá, es decir, los cinco libros del Pentateuco, de Génesis a Deuteronomio. En estos, la historia que revela a los israelitas en grado supremo el carácter de Dios es la que narra su perdón por la rebelión de aquellos en el monte Sinaí, cuando adoraron al becerro de oro (Éx 32–34). Esa historia explica lo que el salmista entiende del Señor. Por ello, puede apelar a su gracia y, a la vez, hablar de su ley, porque fue en el Sinaí donde por primera vez Dios se la reveló a los israelitas. También fue allí donde le dio a conocer a Moisés por primera vez su nombre y su carácter, en una magnífica declaración que resuena repetidas veces a lo largo de la Biblia:

> Pasando delante de él, proclamó: «El Señor, el Señor, Dios
> clemente y compasivo, lento para la ira y grande en amor
> y fidelidad, que mantiene su amor hasta mil generaciones
> después, y que perdona la iniquidad, la rebelión y el pecado;
> pero que no deja sin castigo al culpable». (Éx 34.6–7)

Así es como el «Dios del Antiguo Testamento» se presenta y se define a sí mismo. Ahora bien, sabemos por supuesto que, en última instancia, solo podemos hablar a la luz de la cruz, la justicia y la misericordia de Dios. Allí se ha manifestado el carácter de Dios de forma plena y definitiva, esto es, su ira y su misericordia, su juicio y su gracia, su condenación del pecado y su amor por los pecadores.

Pero Hebreos 11 nos dice que los personajes de fe que aparecen en el Antiguo Testamento están incluidos junto con nosotros en la gran comunidad de quienes Dios ha redimido mediante la cruz de Cristo.

Y, en mi imaginación, puedo verlos también a ellos, que observan aquel gran derramamiento del amor sacrificial de Dios y que dicen: «Sí, ese es nuestro Dios. Sabíamos que solo Él podía hacer las cosas que ha hecho. Él es el Dios del amor, la paciencia, la gracia, la misericordia y el perdón. Eso también lo sabíamos. E incluso les hemos dejado como legado las palabras para expresarlo. Aquellas fueron *nuestras* palabras para describir a Dios antes de que llegasen a ser las de ustedes. Les dijimos que la respuesta al problema del pecado humano solo podía encontrarse en la misericordia del Señor mismo, y ahora Él ha presentado las pruebas de su amor».

Nosotros, que gozamos de la bendición de vivir después del sacrificio de Cristo, conocemos el alcance completo del amor de Dios en la historia. Pero creo que nada puede igualar el lenguaje del Antiguo Testamento cuando se trata de expresar nuestro asombro ante la misericordiosa gracia del Señor. Siempre recurro a estos grandiosos textos del Antiguo Testamento (como los de la sección «Para reflexionar» más abajo) cuando necesito arrepentirme con humildad delante de Dios y así volver a escuchar la descripción de su gracia inagotable.

Quizá te gustaría hacer lo mismo.

● ●

- ¿Puedes recordar otras historias en los libros desde Génesis hasta Deuteronomio que den a conocer la gracia y la misericordia de Dios?
- Dedica tiempo a reflexionar sobre el sentimiento de esplendor y consolación que surge de las maravillosas declaraciones de fe del salmista y, luego, junto con él, agradece a Dios por su gracia.

● ●

Para mayor investigación

Vuelve a leer el relato de la crucifixión que aparece en Mateo 27.27–56.

Dedica tiempo para reflexionar sobre lo que significó para Jesús tener que morir por nosotros. Acércate a Dios para manifestarle tu gratitud por lo que ha hecho por nosotros.

Para reflexionar

Elige algunas de las citas bíblicas que aparecen a continuación. Dedica tiempo a solas o en grupo para reflexionar respecto a qué significa que Dios nos haya perdonado y de qué manera afecta nuestras vidas: salmo 25.6–11; 32.1–5; 103.8–14; 130.3–4; Isaías 43.25; 55.6–7; 57.15–18; Ezequiel 18.21–22; 36.25–26; Miqueas 7.18–19.

Si eres predicador, luego de explorar estos últimos dos capítulos, ¿de qué manera piensas predicar aquellos pasajes de la Biblia que contribuyen a que los creyentes tomen conciencia plena del pecado y eviten caer en él, sin tener que volverte severamente condenatorio ni sonar arrogante o dar la imagen de que eres perfecto? ¿Cómo piensas mantener el equilibrio entre denunciar el pecado y predicar la gracia de Dios?

La lucha personal
y la palabra de lamento

Salmo 119.81–88

Nuestras propias luchas
y la palabra de lamento

Introducción a la cuarta parte

En hebreo el nombre del libro que llamamos «Salmos» es «Alabanzas». Es un tanto extraño, entonces, que la categoría de salmos más frecuente sea la de los *lamentos*. Quizás nos sorprenda más a nosotros que a los israelitas, ya que hemos reducido la palabra «alabanza» a expresiones vivaces y alegres de agradecimiento y gozo. Pero la alabanza significaba más que esto para los israelitas. Para ellos, alabar a Dios era reconocer la realidad de Él y su participación en todos los aspectos de la vida, cualesquiera fueran las circunstancias. Aun cuando la vida se tornaba difícil, se volvían al Señor y presentaban todo delante de Él, a veces en tono de protesta o lamento. Se trataba de una forma de alabanza porque apelaban al Dios que conocían, amaban y confiaban, pese a todas las tentaciones de abandonarlo y dejarlo de adorar.

Los salmos de lamento tienden a desarrollarse de esta manera:

- Dios, siento dolor.
- Dios, todo el mundo me agrede y se burla de mí.
- Dios hace muy poco por ayudarme.
- Dios, todavía confío en ti, pero ¿cuándo terminará todo esto? Te ruego que me lo digas.

Te sugiero que leas los salmos 35, 43 y 70, los cuales son buenos ejemplos de este patrón.

El salmo 119 no es estrictamente de lamento, ya que incluye muchos otros elementos entrelazados, pero contiene bastante de ello. Es obvio que quien escribió este poema estaba atravesando por un momento difícil y luchaba contra el dolor, la ansiedad, el miedo y la confusión. Al principio del salmo, dice que se siente como un «extranjero» (v. 19), y en el último versículo todavía se ve como una «oveja perdida» (v. 176). Por ello, esta persona no se encuentra en un estado de ánimo alegre y seguro. En los próximos tres capítulos, exploraremos tres aspectos de su vida:

- *Sus dificultades.* El salmista había soportado el desprecio, las calumnias y hasta conspiraciones en su contra.
- *Sus reacciones.* Se sentía profundamente aquejado por la maldad que veía en la sociedad y pagó un alto precio emocional.
- *Su doble respuesta.* No veía contradicción alguna entre clamar a Dios pidiendo su ayuda y seguir adelante con tenacidad y decisión.

Capítulo 8

Cuando la vida
se pone difícil

Objetivo: Enfrentarse a algunas de las luchas y las presiones que encaran los creyentes.

Tema central

¿Cómo reaccionamos cuando el camino se pone difícil? ¿Nos quejamos, nos escondemos, llamamos a un amigo, oramos? Cambiar la manera en que reaccionamos y decidir confiar en Dios a veces no es fácil cuando encaramos hostilidad y abuso. El salmista también tuvo esta misma experiencia.

Lee: salmo 119.19–25, 81–88, 141–147

Versículo clave: salmo 119.141

Estructura

1. El dolor del menosprecio y el desdén (vv. 22, 42, 141)
2. El dolor de la difamación y la conspiración (vv. 23, 69, 78, 84–86, 95, 110, 121, 134, 157, 161)
3. Vivir con el dolor

El primer indicio de que no todo es color de rosa en la vida del salmista sale a la superficie cuando dice que se ve a sí mismo como «un extranjero» (v. 19). Por alguna razón, se siente fuera de lugar, como si no encajara. Como veremos, siente mucho más que ello, pero por ahí empieza.

El salmista parece haber sido un joven bastante consciente de su inexperiencia y fragilidad. Cuando preguntó: «¿Cómo puede el joven llevar una vida íntegra?» (v. 9), es probable que se haya referido a sí mismo. También estaba consciente de que otros eran sus maestros y mayores (vv. 99, 100). A la vez, parece que cumplía alguna función pública o política porque era conocido por gobernantes y reyes (vv. 23, 46). Entonces, quizá era un hombre relativamente joven que, de pronto, se halló a sí mismo en la palestra pública, obligado a conducirse en medio de un mundo cínico y sintiendo que la tarea le quedaba un poco grande. Sufría de ansiedad, luchando por mantener su integridad frente a mucha oposición, inseguro de su propia capacidad, pero decidido a mantener su confianza en Dios y en su Palabra como fundamento de su vida y su profesión.

¿Te suena conocida esa descripción? Quizá expresa cómo te sientes y cómo se sienten otros cristianos cuando empiezan sus carreras o al ingresar en los altibajos de la política. Si eres predicador, es probable que tengas jóvenes de tu congregación que se encuentran en aquella situación.

Había dos situaciones en particular que le causaban mucho dolor al salmista: el menosprecio con el que algunos lo trataban y la difamación contra su persona.

1. El dolor del menosprecio y el desdén (vv. 22, 42, 141)

Aleja de mí el menosprecio y el desdén,
pues yo cumplo tus estatutos. (v. 22)

Así responderé a quien me desprecie,
porque yo confío en tu palabra. (v. 42)

> Insignificante y menospreciable como soy,
> no me olvido de tus preceptos. (v. 141)

Sufrir la burla o el menosprecio es algo que causa un profundo daño y dolor. Lo triste de ello es que es bastante común. Y comienza desde muy temprano en la vida. Nos causa dolor ajeno cuando los niños sufren acoso físico, verbal o social en la escuela. Hay adultos que no han podido recuperarse del menosprecio con el que sus padres los trataron, a menudo comparándolos injustamente con sus hermanos o hermanas. Otros sufren desdén en el trabajo o son objeto de bromas despiadadas, racistas, sexistas o peores.

- - -

- A pesar de haber sufrido el menosprecio, el desdén y las burlas, el salmista insiste en obedecer los mandamientos de Dios y confiar en su Palabra. ¿Qué nos dice aquello respecto a su carácter?

- - -

2. El dolor de la difamación y la conspiración (vv. 23, 69, 78, 84–86, 95, 110, 121, 134, 157, 161)

La situación se agrava. El salmista no solo sufre el menosprecio; al parecer su vida también corre peligro, al menos parte del tiempo. Somos aún más conscientes de ello cuando leemos algunos de los versículos que aparecen antes y después de los ya citados:

> Aun los poderosos se confabulan contra mí,
> pero este siervo tuyo medita en tus decretos. (v. 23)

> Aunque los insolentes me difaman,
> yo cumplo tus preceptos con todo el corazón. (v. 69)

> Sean avergonzados los insolentes que sin motivo me
> maltratan;
> yo, por mi parte, meditaré en tus preceptos. (v. 78)

> ¿Cuánto más vivirá este siervo tuyo?
> ¿Cuándo juzgarás a mis perseguidores?

> Me han cavado trampas los insolentes,
> los que no viven conforme a tu ley.
> Todos tus mandamientos son fidedignos;
> ¡ayúdame!, pues falsos son mis perseguidores.
> (vv. 84–86)

> Los impíos me acechan para destruirme
> pero yo me esfuerzo por entender tus estatutos. (v. 95)

> Los impíos me han tendido una trampa,
> pero no me aparto de tus preceptos. (v. 110)

> Yo practico la justicia y el derecho;
> no me dejes en manos de mis opresores. (v. 121)

> Líbrame de la opresión humana,
> pues quiero obedecer tus preceptos. (v. 134)

> Muchos son mis adversarios y mis perseguidores,
> pero yo no me aparto de tus estatutos. (v. 157)

> Gente poderosa me persigue sin motivo,
> pero mi corazón se asombra ante tu palabra. (v. 161)

Supongo que es posible que el salmista tan solo sufra de paranoia y que se ha imaginado toda esta persecución. Sin embargo, lo más probable es que nos esté diciendo la verdad de lo que padece. Está realmente atravesando un momento muy difícil. Incluso hoy en día, esta clase de conducta es muy conocida por quienes ocupan cargos públicos y políticos, donde la traición, las maquinaciones, las trampas, las calumnias y la difamación son gajes del oficio.

Daniel conocía muy bien aquel mundo. Fue un funcionario público de alto rango. Hubo quienes le tenían confianza y otros que lo odiaban. Y el odio que emanaba de sus colegas y subalternos era una mezcla de prejuicios racistas y religiosos, así como de envidias laborales. Cuando sus enemigos no pudieron encontrar excusa alguna para acusarlo de corrupción o negligencia en su trabajo, maquinaron su caída. Para ello, no se basaron en sus defectos, sino en su atributo más sobresaliente: su fe.

- Lee Daniel 6 y presta atención especialmente a los versículos 3–5. ¿Cómo se parece aquella experiencia de Daniel con la del autor del salmo 119? ¿De qué maneras estos dos pasajes son pertinentes para tu propia experiencia?

3. Vivir con el dolor

Hemos abordado el tema de los cargos públicos o políticos. Pero, en realidad, cualquier función pública nos expone a las envidias, las tergiversaciones y los ataques personales. Los dirigentes cristianos no están exentos de esta realidad. De hecho, a veces puede ser aún peor:

- Los pastores pueden llegar a sentirse como Moisés, puesto que deben enfrentar la oposición y la crítica mientras tratan de guiar a aquellos que se niegan a ser guiados o cuando tratan de mostrarles el camino a aquellos que testarudamente no quieren verlo.
- Los misioneros transculturales llegan a pasar por penurias. Muchos de ellos viven en lugares donde se sufre de opresión religiosa, y llegan a encarar peligros muy reales o sufrir como resultado de la tergiversación de sus propósitos.

Esta clase de agresión no solo la sufren los dirigentes, pues las palabras del salmista se reflejan en muchas otras situaciones, algunas de las cuales enumero a continuación:

- Un creyente cristiano en una familia no cristiana quizá tenga que soportar muchos malentendidos y abusos.
- Un creyente cristiano en un lugar de trabajo hostil quizá tenga que enfrentar discriminación. Defender la causa de la honradez y la verdad puede llegar a ser algo muy impopular. En sociedades donde el cristianismo no es la religión dominante, el hecho de ser cristiano puede excluir cualquier posibilidad de ascenso y garantizar una vida de constante acoso y persecución.

- Los jóvenes cristianos que opten por vivir sus vidas según las normas bíblicas de conducta, especialmente en el ámbito sexual, enfrentan la falta de comprensión y el desprecio. Incluso pueden sufrir incesantes intentos de avergonzarlos.

Por último, somos muchos los que, si bien no sufrimos abusos como los que describe el salmista, con facilidad podemos identificarnos con estas palabras de menosprecio, burla, opresión, calumnia y mentira, ya que son parte del acoso satánico que sufrimos. Conocemos muy bien las voces interiores que nos atacan:

- *El temor*, que puede ser agotador y debilitante: «Nunca tendrás éxito» o «Nunca vas a mejorar».
- *La autocrítica.* Cuando nos negamos a creer la verdad que Dios dice de nosotros, y en cambio nos creemos todo tipo de cosas negativas respecto a nosotros mismos y nos cubrimos de mentiras.
- *La culpa.* Satanás se aprovecha de nuestra genuina culpabilidad por nuestros pecados, así como de nuestros sentimientos de culpa. Aun después de que los hemos llevado a la cruz y confesado, y luego de que han sido perdonados, el acusador nos persigue para imponernos culpas que ya no tenemos que cargar.
- *La autocompasión y la amargura.* Se trata tan solo de dar un corto paso desde el verdadero sufrimiento a un *sentimiento* constante de agravio y victimización. Consiste en una especie de presunción a escondidas, y como es muy difícil detectarla y arrepentirse de esta, Satanás está encantado con ella, la azuza y la enciende dentro de nosotros.

Quizá reconozcas algunos de estos «enemigos» y tal vez puedas nombrar algunos más. Pero cualquiera que haya sido tu experiencia con estas cuestiones, el salmista es alguien que ha transitado por donde tú has pasado, se ha sentado en donde tú te sientas, ha luchado, ha llorado y se ha quejado como tú quizá lo hayas hecho.

- El salmista no fue la única persona en la Biblia que sufrió de esta manera. Jeremías y Job sufrieron a tal grado que desearon nunca haber nacido. Reflexiona en torno a estos ejemplos y considera otros de la Biblia que recuerdes.

- ¿Cómo debemos orar por cristianos que ocupan cargos importantes o han asumido grandes responsabilidades? ¿Cómo podemos alentarlos?

Para mayor investigación

Lee: Jeremías 15.10, 15.15–18; 20.7–18 y Job 3.

El hecho de que Dios permita que protestas y lamentos como estos sean parte de la Biblia, ¿de qué manera nos alienta en tiempos difíciles? ¿Cómo podemos sacarles provecho a estos textos de forma individual y como iglesia? ¿En qué contextos los podríamos usar?

¿Cómo podemos, por medio de nuestra predicación, solidarizarnos de manera real con las experiencias dolorosas de los miembros de nuestra iglesia, ya sea en el hogar o el trabajo, y ayudarlos pastoralmente con la Palabra de Dios recurriendo quizá a algunas partes de este salmo?

Para reflexionar

No debemos concluir este capítulo sin haber mencionado a Jesús. Lee 1 Pedro 2.20–23 y reflexiona sobre la forma en que el ejemplo de Cristo se relaciona con lo que hemos tratado en este capítulo y con la plegaria que el salmista ofreció para solucionar sus problemas.

Capítulo 9

¿Qué se siente?

Objetivo: Ser honestos respecto a la manera en que respondemos emocionalmente frente al mal.

Tema central

¿Cómo te sientes? Podrías encontrarte cansado, triste, feliz, enojado, preocupado o ansioso por distintas razones. ¿Por qué razón te sientes así? Busca las noticias de la semana. ¿Cómo reaccionas frente a lo que lees? ¿Reaccionas de la misma manera ante los asuntos nacionales e internacionales que frente a los personales?

Lee: salmo 119.25–28, 81–83, 113–120

Versículo clave: salmo 119.136

Estructura

1. El mal que está fuera (vv. 21, 53, 113, 115, 118–119, 126, 136, 139, 158)
2. El dolor que está dentro (vv. 25, 28, 50, 81–83, 92, 107, 139)

Un rasgo característico de este salmista es que podemos saber en todo momento cómo se siente exactamente. No duda en expresar sus pensamientos y emociones ante la situación que soporta. Podemos apreciar los efectos emocionales que le causan toda la oposición y el sufrimiento. Y podemos ver dos cosas: su reacción frente al mal que está fuera y su respuesta al dolor en su interior.

El objetivo de este estudio es lograr ser tan honestos con nosotros mismos como lo fue el salmista con sus lectores. Esta tarea, por sí sola, no es fácil, pero es el primer paso para recibir la ayuda que necesitamos de Dios y los demás.

1. El mal que está fuera (vv. 21, 53, 113, 115, 118–119, 126, 136, 139, 158)

Mucho de lo que pasa en el mundo es desagradable, cruel y francamente maligno. ¿Cómo reaccionamos ante todo eso? ¿Qué pensamientos se nos vienen a la mente cuando leemos las noticias o vemos en la televisión tantas escenas de genocidio o crueldad? ¿Qué pensamos cuando escuchamos tantas historias de abuso sexual contra niños o al ver con asombro que políticos corruptos insisten en que son víctimas inocentes pese a haber sido atrapados con las manos en la masa y en engaños?

Nuestro salmista no es un observador pasivo. Tampoco es un reportero cínico que expone, con satisfacción, la maldad de los demás para su propio beneficio. Ni es como los que escriben titulares impúdicos sobre figuras públicas captadas en escándalos sexuales y, a la vez, publican artículos que fomentan fantasías lujuriosas.

Todo lo contrario. El salmista se preocupa profundamente por Dios y su ley y sufre una terrible consternación frente a la descarada maldad y corrupción que ve a su alrededor. El dolor que esto le causa es casi insoportable. Podemos apreciar ejemplos de ello en los siguientes versículos. A medida que los leas, reflexiona sobre los distintos sentimientos que expresa el salmista y qué los provoca.

> Me llenan de indignación los impíos,
> que han abandonado tu ley. (v. 53)

> Aborrezco a los hipócritas,
>> pero amo tu ley. (v. 113)

> ¡Malhechores, apártense de mí,
>> que quiero cumplir los mandamientos de mi Dios!
>>> (v. 115)

> Ríos de lágrimas brotan de mis ojos,
>> porque tu ley no se obedece. (v. 136)

> Mi celo me consume,
>> porque mis adversarios pasan por alto tus palabras.
>>> (v. 139)

> Miro a esos renegados y me dan náuseas,
>> porque no cumplen tus palabras. (v. 158)

Estos sentimientos distan de ser agradables. De hecho, en muchas circunstancias algunos serían pecaminosos. Sin embargo, aquí son respuestas frente al pecado y la maldad y, en realidad, reflejan algo de la propia reacción de Dios frente al mal. Ya hemos tratado este punto en la tercera parte, donde consideramos el pecado personal y la Palabra de gracia.

Este salmista conoce las Escrituras tan bien que sabe lo que siente el Señor frente al pecado, y de hecho también conoce cómo Él finalmente actuará en contra de aquellos que persisten en el mal y son impenitentes.

- Dios los reprenderá. (v. 21)
- Dios los rechazará. (v. 118)
- Dios los desechará. (v. 119)

¡Y en la opinión del salmista, ya es tiempo de que Dios actúe! (v. 126)

Ahora bien, por supuesto que la Biblia tiene mucho más que decir respecto al amor de Dios por los pecadores y su anhelo para que se arrepientan y así los pueda perdonar y restituir. Este autor, siendo él mismo un pecador perdonado, no se opondría a ello. De hecho, él depende del amor y el perdón de Dios. Pero la Biblia afirma con toda claridad que la maldad humana, aquella que está profundamente arraigada y es persistente, despierta la ira de Dios y, en última instancia, provoca su juicio.

Esto plantea preguntas sobre nuestra propia reacción frente al pecado y la maldad en el mundo que nos rodea. En calidad de cristianos, ¿deberíamos expresar las mismas emociones que el salmista en respuesta al mal?, ¿o esta manera de expresarse es incorrecta? ¿Y cuáles son los cimientos de nuestras emociones? ¿Están realmente arraigadas en los valores de Dios, o se hallan contaminadas por el temor de defender nuestros propios intereses o por nuestras lealtades políticas y prejuicios sociales?

¿Y qué podemos decir respecto al *objeto* de nuestra ira, aun si creemos con toda sinceridad que se dirige contra el pecado? Es muy fácil ser parcial y ver las cosas sesgadas, y luego agitarse por causa de alguna cuestión moral mientras al mismo tiempo ignoramos otras.

Dicen que una vez Tony Campolo, en un evento público muy concurrido, dijo durante el transcurso de su charla que miles de personas pobres del mundo morirían de hambre, y luego exclamó: «¡Y a la mayoría de ustedes no les importa un #&%$#%!». La gente quedó enmudecida por el espanto y el sentimiento de vergüenza; luego algunos se levantaron y se marcharon. «La verdadera vergüenza moral —continuó Campolo— es que algunos de ustedes se sienten más ofendidos por una mala palabra que por la pobreza y el hambre en el mundo». Claro que Tony tenía razón, pues Ezequiel también estaba dispuesto a usar un lenguaje obsceno para causar conmoción entre sus lectores respecto a una maldad moral mucho más seria: la de sus propias vidas sociales y privadas. La pregunta que debemos hacernos es «¿qué enoja más a Dios?». ¿En dónde podemos encontrar una respuesta a esta interrogante? En las Escrituras, por supuesto, tal como hizo el salmista. ¿Te has dado cuenta de que la razón principal por la que reacciona de aquella manera es que la gente no quiere obedecer la Palabra de Dios?

Entonces, ¿qué maldades son las que se resaltan en la Biblia? Podríamos responder: «¡Un montón!». Pero tenemos algunas indicaciones respecto a lo que Dios más odia; por ejemplo, la palabra «abominación». En hebreo esta se refiere a un hecho que repugna al Señor y le causa repulsión, algo que simplemente no puede soportar. Si hacemos una búsqueda de esta palabra, encontraremos que se refiere a una lista sorprendente de hechos que, si bien se relacionan con varias formas de inmoralidad sexual, también incluyen otras, como el uso de balanzas adulteradas (Pr 11.1; 20.10, 23). Esto significa que en la lista de los hechos abominables también está el hacer trampa en el comercio y los negocios. Por si creemos que nos encontramos fuera del rango del alcance moral de las Escrituras, a continuación enumeramos algunas acciones que producen hedor al olfato de Dios y que las considera abominación.

- El falso testigo y la difamación (Jer 7.9–10; Ez 22.9; Pr 6.19)
- Toda mentira (Pr 6.16–17; 12.22; 26.25–28)
- La negligencia hacia los pobres y necesitados (Ez 16.49; 18.12; 22.7)
- El menosprecio a los padres (Ez 22.7)
- La arrogancia (Pr 6.16–19)
- La adoración hipócrita (Is 1.13; Pr 21.27; 28.9)

También podríamos pensar en lo que la Biblia ubica bajo la maldición de Dios, como la idolatría, el incesto, la inmoralidad sexual y el homicidio. Pero la lista también incluye el maltrato a las personas con discapacidad, el soborno y a «quien viole los derechos del extranjero, del huérfano o de la viuda» (Dt 27.19).

Observemos Romanos 1.8–32, donde Pablo presenta su catálogo de pecados humanos. ¿Qué notas respecto a la lista que aparece allí? Otra vez encontramos la inmoralidad sexual, el homicidio y la depravación. Pero ¿cuáles otros pecados aparecen en la lista de Pablo? ¿Qué nos enseña este pasaje respecto a la norma de vida que Dios ha determinado para los seres humanos? El punto que quiero resaltar es que debemos educar a nuestra ira. Es decir, necesitamos tener conciencia de *todo* lo que la Biblia condena, ser más consecuentes y estar bíblicamente más ubicados respecto a qué nos conmueve emocionalmente y causa nuestra ira.

Como cristianos evangélicos tenemos la tendencia a concentrar nuestras conciencias morales en cuestiones sexuales y les dedicamos una enorme cantidad de energía moral (y eclesial). No hay duda de que la Biblia habla con claridad de la ética sexual y que necesitamos defender la verdad bíblica en esa área. Sin embargo, me causa dolor que no dediquemos la misma energía moral o ira contra la maldad en lo social y económico. Quizá ello se deba a que es más difícil estar seguros de qué tan limpias están nuestras propias manos. ¿Qué tanto nos causa incomodidad, qué tanto nos enojamos cuando oímos de la grave situación de los refugiados, de los que buscan asilo, de los sin techo, de los sin tierra, de los abandonados y sin familia, de los pobres y necesitados, de las víctimas de la opresión y la injusticia, y de los endeudados de por vida? Sin embargo, la ira de Dios contra esos hechos se revela con una claridad demoledora a lo largo de toda la Biblia, la cual tiene mucho más que decir sobre estos asuntos que sobre la ética sexual.

- ¿Por qué razones piensas que las emociones y el lenguaje del salmista son adecuados o inadecuados para los cristianos de hoy?
- ¿Qué cosas te producen enojo cuando escuchas las noticias? ¿El abuso de poder, la injusticia, la crueldad, lo inadecuado del sistema de salud, el mal gobierno? ¿O hay algún otro hecho que despierta tu enojo? Analiza tu respuesta. ¿Podría ser que tus propios intereses egoístas se sientan amenazados? ¿O quizá tu respuesta sufre de sesgos por tus gustos o lealtades políticas o por tus prejuicios sociales? ¿Crees que tu enojo podría superar la prueba de los valores que son claramente bíblicos?
- ¿De qué manera se involucra tu iglesia para colaborar en campañas específicas a favor de la moral en tu sociedad? ¿Ha tomado tu iglesia alguna postura firme sobre algún asunto ético dentro de ella? ¿Cómo debería ser nuestra actitud hacia estos hechos? Conversa y evalúa estas actitudes en relación con las «prioridades morales» de la Biblia.
- ¿Crees que es permisible expresar ira cuando uno predica? ¿Cómo podemos cerciorarnos de que se trata de la ira de Dios, tal como lo expresan las Escrituras, y no solo de nuestra propia ira? Y si llegásemos a manifestar nuestra propia ira, ¿cómo podremos lograr un equilibrio con palabras bíblicas de gracia y arrepentimiento?

2. El dolor que está dentro (vv. 25, 28, 50, 81–83, 92, 107, 139)

¿Qué le causaba al salmista toda esta lucha y angustia? Hemos visto sus emociones en relación con la maldad externa. Pero también sufría oposición, burla, calumnias, acusaciones falsas y quizás hasta amenazas de muerte. ¿Cómo hizo para superar todo esto? ¿Cómo se habrá sentido?

Hay varios lugares en el salmo 119 donde el salmista derrama sus sentimientos frente a sus lectores. Al leer los siguientes versículos, reflexiona sobre la manera en que se debe sentir el salmista en cada situación:

> Postrado estoy en el polvo;
>> dame vida conforme a tu palabra. (v. 25)

> De angustia se me derrite el alma;
>> susténtame conforme a tu palabra. (v. 28)

> Este es mi consuelo en medio del dolor:
>> que tu promesa me da vida. (v. 50)

> Esperando tu salvación se me va la vida.
>> En tu palabra he puesto mi esperanza.
> Mis ojos se consumen esperando tu promesa,
>> y digo: «¿Cuándo vendrás a consolarme?»
> Parezco un odre ennegrecido por el humo,
>> pero no me olvido de tus decretos. (vv. 81–83)

> Si tu ley no fuera mi regocijo,
>> la aflicción habría acabado conmigo. (v. 92)

> Señor, es mucho lo que he sufrido;
>> dame vida conforme a tu palabra. (v. 107)

> Mi celo me consume,
>> porque mis adversarios pasan por alto tus palabras.
>> (v. 139)

¡Qué tal lista de dolor y lucha interior! Si esta persona hubiera vivido hoy, se le habría recomendado una intensa terapia pastoral. Los síntomas que se describen incluyen depresión, aridez, agotamiento y desmayos, debilidad extrema y sufrimiento en general. Es probable que tu iglesia o tu grupo de estudio incluya personas que han experimentado emociones muy parecidas. Pero encontramos consolación en el hecho de que, si bien la Biblia incluye esta clase de manifestaciones de dolor, permite también que las expresemos delante del Señor y nos encamina hacia la sanidad, es decir, hacia Dios mismo, su Palabra, su promesa y su fuerza revitalizante.

Cabe destacar un hecho más antes de terminar este capítulo. Estas palabras de sufrimiento, lucha, debilidad y depresión provienen de la boca de un fiel creyente. Ante nosotros tenemos a alguien que confía sinceramente en Dios y se ha entregado plenamente a una vida con obediencia a Él, pero que, pese a ello, su testimonio no manifiesta abundantes bendiciones ni espectaculares riquezas ni sanidades instantáneas.

Para reflexionar

¿Qué es para ti «el evangelio de la prosperidad»? ¿Por qué es una enseñanza que atrae a tantos? Este salmo saca a la luz este «evangelio de la prosperidad» como un fraude o engaño. Conversa sobre los peligros de esta enseñanza.[6]
Es posible que la siguiente ayuda te sirva para motivar la conversación en grupo:

Las enseñanzas en torno a la «prosperidad» desfiguran lo que la Biblia nos enseña y apelan a nuestras tendencias innatas al egoísmo y la codicia. Causan un profundo daño espiritual. Si bien es cierto que la Biblia ofrece ejemplos de personajes a los que Dios bendijo con abundancia material, también muestra muchos de personas que sufrieron enormemente, no por su falta de fe, sino por razón de esta y de su firme decisión de obedecerlo. También contiene muchísimas advertencias respecto a que se puede ser extremadamente rico, no gracias a la bendición de Dios, sino como resultado de ganancias por opresión y maldad.

---

6 Para leer más sobre este tema, ver Andrew Perriman (ed.), *Faith, Health and Prosperity* (Carlisle: Paternoster, 2003) y Femi Adeleye, *Preachers of a Different Gospel* (Carlisle: Hippo, 2011).

Para mayor investigación
Lee: 2 Corintios 11.17–18, 21b–30.
Reflexiona acerca del sufrimiento de Pablo por la causa del evangelio. ¿De qué manera respondió frente a aquel sufrimiento y qué lecciones podemos aprender para nuestras propias vidas cristianas?

Capítulo 10

Proseguir hacia la meta

Objetivo: Renovar nuestra entrega al equilibrio entre la confianza y la perseverancia.

Tema central

En los dos últimos estudios tratamos de entender las circunstancias que causaron que la vida del salmista fuese tan difícil y escuchamos la manera en que expresó sus emociones en respuesta a la maldad del mundo y al dolor en su propio corazón. Pero ¿qué hizo al respecto en términos concretos? Hay dos respuestas. Por un lado, clamó desesperadamente a Dios pidiendo su ayuda; por otro, prosiguió hacia la meta con tenacidad y decisión. Rogó al cielo y continuó hacia adelante.

Lee: salmo 119.145–160

Versículo clave: salmo 119.75

Estructura

1. Clamar a Dios (vv. 81–88, 145–148, 150–151, 153–156)
   a. Porque Dios está a nuestro lado cuando lo invocamos (vv. 145–146, 150–151)
   b. Porque Dios es nuestro refugio (v. 114)
   c. Porque Dios es el que nos libera (vv. 153–156)

2. La determinación de proseguir hacia la meta (vv. 28, 32, 67, 71, 75, 81, 83)
3. Conclusión

El salmista no es el único personaje bíblico que lucha por seguir adelante. También hay otros, como Job y Jeremías. Incluso el apóstol Pablo habla de estar en apuros, perplejo, perseguido y abatido. Cuando leemos sus palabras en 2 Corintios 4.7–18, vemos que su respuesta frente al sufrimiento tiene mucho en común con la del autor del salmo. Pablo escribe en la era del Nuevo Testamento, por lo que puede basar su respuesta en lo que Dios ha hecho en Cristo, mientras que el salmista vuelve su mirada al Éxodo.

1. Clamar a Dios (vv. 81–88, 114, 145–146, 150–151, 153–156)

Los versículos 81–88 son una expresión de aguante, el grito que nace de la desesperación y la interminable espera en Dios. Es una larga y persistente pregunta: «¿Cuánto más?» (v. 84). «Pacientemente esperé a Jehová», dice el salmo 40.1 (RVR, 1960), pero a veces el salmista no es tan paciente: «Señor, ¿cuándo escucharás? ¿Cuándo responderás? ¿Cuándo harás algo?».

Muchos de nosotros estamos demasiado familiarizados con esa situación y esas oraciones. Nos identificamos con las siguientes palabras del salmista:

> Con todo el corazón clamo a ti, Señor;
>> respóndeme, y obedeceré tus decretos.
> A ti clamo: «¡Sálvame!»
>> Quiero cumplir tus estatutos.
> Muy de mañana me levanto a pedir ayuda;
>> en tu palabra he puesto mi esperanza.
> En toda la noche no pego los ojos,
>> para meditar en tu promesa. (vv. 145–148)

Noches sin dormir y amaneceres tempranos dan testimonio de la ansiedad que sufre el salmista y su profundo anhelo para que Dios oiga su clamor. Pero ¿por qué persiste en su convencida esperanza de que Dios en algún momento responderá y hará algo al respecto? Tres razones sobresalen: porque Dios está a su lado, porque Dios es el que lo libera.

a. Porque Dios está a nuestro lado cuando lo invocamos (vv. 145–146, 150–151)

De hecho, Dios está más cerca que sus problemas. El salmista lo expresa con un maravilloso juego de palabras en los siguientes versículos:

> Ya se acercan mis crueles perseguidores,
>> pero andan muy lejos de tu ley.
> Tú, Señor, también estás cerca,
>> y todos tus mandamientos son verdad. (vv. 150–151)

Los malvados, que lo agobian, parecen estar muy cerca del autor del salmo, pero se hallan lejos de Dios; mientras que el Señor, que parece estar lejos del salmista (vv. 145–146), en realidad se encuentra cerca de él.

La cercanía de Dios es una gran promesa bíblica. Vale la pena recordarla cuando nuestros problemas se nos vienen encima. Él está más cerca que cualquier amenaza. Esta promesa se puede ilustrar con un ejemplo tomado de un partido de fútbol que vi en la televisión: un delantero se acercaba al portero y el gol parecía inminente. De pronto, de la nada, apareció un defensa y le robó el balón al atacante. En el momento de mayor peligro, el defensor que nadie vio se encontraba aún más cerca que el delantero.

- ¿Qué otros textos bíblicos hablan de que Dios está cerca?

b. Porque Dios es nuestro refugio (v. 114)

> Tú eres mi escondite y mi escudo;
>> en tu palabra he puesto mi esperanza. (v. 114)

En una tormenta necesitamos un refugio. Si nos persiguen, necesitamos un escondite. En un bombardeo necesitamos un búnker. De pequeños nos escondíamos bajo las cobijas o corríamos a los brazos de mamá. Al salmista le encanta describir la imagen de Dios como un lugar donde esconderse. Tenemos una profunda necesidad de sentirnos protegidos y seguros, y Él nos ofrece esta seguridad en su máxima expresión. Hay momentos en que nos sentimos tan expuestos y atacados que correr a escondernos «en Dios», como lugar de refugio y protección, nos da una tremenda paz.

> Torre inexpugnable es el nombre del Señor;
> a ella corren los justos y se ponen a salvo. (Pr 18.10)

Cuando ocupé el cargo de director del All Nations Christian College, había momentos en que como comunidad estábamos conscientes del ataque espiritual de las fuerzas del mal. Y dado que éramos una institución dedicada a capacitar a personas para la misión transcultural y el avance del reino de Dios, sabíamos que aquellos ataques no eran en lo absoluto imprevistos. No es que fuesen menos desagradables, aunque a veces eran casi abrumadores. Recuerdo una ocasión en que mi equipo de mayor antigüedad sentía que yo en particular, como director, era el blanco de ataques satánicos. Decidimos orar juntos con insistencia. Una de las hermanas del equipo oró de una manera que no puedo olvidar y que a veces vuelvo a emplear: «Señor —dijo ella—, por favor, esconde a Chris bajo tus alas para que el diablo ni siquiera sepa dónde encontrarlo». ¡Me sentí seguro después de aquella oración!

* * *

- ¿Cuáles historias de la Biblia te ilustran la cercanía de Dios en momentos de gran dificultad o peligro?

* * *

c. Porque Dios es el que nos libera (vv. 153–156)

> Considera mi aflicción, y líbrame,
> pues no me he olvidado de tu ley.

> Defiende mi causa, rescátame;
>   dame vida conforme a tu promesa.
> La salvación está lejos de los impíos,
>   porque ellos no buscan tus decretos.
> Grande es, Señor, tu compasión;
>   dame vida conforme a tus juicios. (vv. 153–156)

¿De dónde obtuvo el salmista todo este entendimiento respecto a Dios? Nos lo ha dicho una y otra vez: de la Torá. Sabía de Dios porque conocía la historia del Éxodo. Claro que es obvio que no estuvo presente en ese hecho; pero conocía su historia, y esta le ofrecía buenas razones para tener fe y esperanza. Aquella historia demostraba que el Dios que adoraba Israel no era ciego. No importaba cuánto parecían prosperar los malvados mientras los justos sufrían, pues no siempre habría de ser así. Dios observa y sabe. Vela por su pueblo y lleva a cabo sus obras. En última instancia, defenderá y redimirá a su pueblo, incluyendo a este fiel creyente que clama por su ayuda.

Así que el salmista le pide al Señor que haga por él lo que originalmente hizo por sus antepasados, y por las mismas razones. Se recuerda a sí mismo que el Dios que salvó a los israelitas es también su Dios, y por ello invoca su nombre, confiando en que lo oirá, lo salvará y lo defenderá.

Así como el salmista, no debemos dudar en clamar al Señor cuando tengamos problemas; pero debemos estar seguros de quién es el Dios al que clamamos. Debemos verificar que sea el Dios bíblico, el Dios que conocemos gracias a nuestra inmersión profunda en su Palabra.

- Compara el lenguaje de este salmo con la historia del Éxodo que aparece en Éxodo 2–6. Presta una especial atención a Éxodo 2.23–25; 3.7–9; 6.2–8.

2. La determinación de proseguir hacia la meta (vv. 28, 32, 67, 71, 75, 81, 83)

El salmista está decidido —sin que importe lo que pase, por muy grande que sea la oposición y cueste lo que cueste— a seguir obedeciendo, confiando, sirviendo y amando a Dios. No renunciará. Pone en práctica una vez más su fuerza de voluntad, afirmando su obstinada decisión de proseguir hacia la meta aun en los momentos más difíciles. ¿Será una contradicción? ¿Será un error pedirle ayuda al Señor y a la vez hablar de nuestros propios esfuerzos y de nuestras propias decisiones? ¿Será que estamos confundiendo la gracia y las obras si decimos «Dios, tienes que ayudarme y clamo a ti», y luego «Dios, estoy decidido a proseguir hacia la meta, a luchar con perseverancia y superar este duro tramo»? No, porque ambas ideas se expresan plenamente en este salmo, y sin ninguna contradicción entre ellas.

Observa los contrastes entre los versículos 81 y 83. La primera mitad de ambos habla del anhelo y el agotamiento del salmista y de su clamor a Dios; y la segunda se refiere a su decisión: «he puesto mi esperanza en tu palabra», «no olvido tus decretos». Hay que ocuparse tanto de la esperanza como de la obediencia. Dios no lo hace por nosotros; tenemos que decidir llevarlos a la práctica por nosotros mismos. Así que el salmista dice que seguirá adelante. Y, de hecho, lo hará con entusiasmo. Lee los versículos 28 y 32. En el versículo 28 escuchamos este clamor:

> De angustia se me derrite el alma;
>> susténtame conforme a tu palabra.

Pero en el versículo 32 cobra fuerzas y dice:

> Corro por el camino de tus mandamientos,
>> porque has ampliado mi modo de pensar.

La RVC ha traducido la segunda parte del versículo 32 de esta manera: «porque tú le das libertad a mi corazón». Así que tenemos a alguien que no solo irá a arrastrase hacia adelante por el polvo de la tierra. Al contrario, se pondrá de pie y correrá por el sendero de la obediencia y el gozo de la libertad espiritual.

El salmista también reflexiona sobre el hecho de que algunas de las luchas que Dios le ha permitido sufrir han tenido un efecto positivo. Lee los versículos 67, 71 y 75:

> Antes de sufrir anduve descarriado,
> pero ahora obedezco tu palabra. (v. 67)

> Me hizo bien haber sido afligido,
> porque así llegué a conocer tus decretos. (v. 71)

> SEÑOR, yo sé que tus juicios son justos,
> y que con justa razón me afliges. (v. 75)

Cuando Dios permite que suframos, no deja de ser fiel a sí mismo y a nosotros. Cuando sufrimos, en aquel momento, no nos parece algo bueno para nosotros. Pero, así como la irritación que genera un granito de arena en una ostra llega a producir una perla, igualmente el sufrimiento que el Señor permite que pasemos puede dar buenos resultados si decidimos perseverar junto a Él.

Debemos aferrarnos a este equilibrio entre la plena confianza en Dios y nuestra perseverancia valiente. Hay abundantes ejemplos bíblicos respecto a lo que podemos aprender sobre ambas.

- -

- ¿Qué beneficio te ha generado la aflicción (el sufrimiento)? ¿Querrá decir esto que la aflicción (el sufrimiento) es en sí algo bueno?
- Lee Daniel 3 y Job 1.6–22. En estas historias, ¿de qué manera responden estos personajes a la aflicción?

- -

3. Conclusión

Hay momentos en que clamamos:

> Señor, vuelvo a invocarte. Señor, anhelo que intervengas. Sufro
> de desesperación para que desenredes este problema o arregles
> este desastre. Señor, te necesito urgentemente y sé que solo tú

puedes darle solución a algo tan grande como esto. Eres mi única esperanza.

Sin embargo, al mismo tiempo le decimos:

> Pero Señor, aún sigo esperando pacientemente. Y quiero que sepas que no importa lo que hagas o no hagas, yo seguiré aquí. Estoy aferrado a ti. No voy a soltarte. No voy a irme a ninguna otra parte. Soy tu siervo; te amo; confío en ti. Y voy a seguir luchando y sirviéndote sin que importe lo que los demás o Satanás, o incluso tú, pongan en mi camino. Me he entregado a ello de por vida y estoy dispuesto a proseguir hacia la meta final, porque, para serte honesto, no sé a dónde más iría o qué más haría si alguna vez renunciase a esta decisión de amarte y servirte a ti, el único Dios viviente.

Esto es lo que escuchamos de parte de nuestro salmista. También es lo que oímos en el huerto de Getsemaní. Allí vemos la lucha agonizante en el propio Hijo de Dios. Jesús hombre se arrodilla y clama a Dios en desesperación, temiendo lo que traerán las próximas horas: «Padre mío, si es posible, no me hagas beber este trago amargo» (Mt 26.39). Pero de inmediato retoma la manera de ser de toda su vida y doblega su propia voluntad a la de su Padre: «Pero no sea lo que yo quiero, sino lo que quieres tú». Y en esa decisión de hacer lo que había venido a hacer, se levanta y da un paso adelante, a su arresto y juicio, su flagelación y crucifixión. Nadie más que Jesús nos muestra con más claridad lo que implica depender absolutamente en Dios. Y nadie más que Él nos demuestra con más claridad la decisión absoluta de proseguir hacia la meta y hacer la voluntad de Dios contra todas las fuerzas del mal enfiladas en su contra.

- Lo que dice el Nuevo Testamento sobre la lucha y el sufrimiento ¿refleja la misma fe y determinación que el salmo 119? Lee y reflexiona sobre los siguientes pasajes, y presta atención al equilibrio entre la confianza que tenemos en Dios y nuestro perseverante esfuerzo y paciencia: 2 Corintios 1.3–11; 11.23–30; 12.7–10; Hebreos 12.1–12.

Para mayor investigación

Lee: Nehemías 2.1–5. Quizá valga la pena que también leas Nehemías 1 para entender el contexto.

¿Recurre Nehemías a la misma doble estrategia que el salmista? ¿Qué nos enseña ello respecto a nuestra propia actitud frente a las luchas y las dificultades?

Lee: 2 Corintios 4.7–18.

Medita sobre la respuesta de Pablo a las dificultades.

Para reflexionar

Si te reúnes en grupo, dedica un tiempo para que los participantes lleven a la práctica ambas partes de esta doble respuesta. Presenta delante de Dios las necesidades de ambas partes y ruega que te escuche y te responda, ahora que has depositado tu esperanza y confianza en Él.

Lee la confesión del salmo 40 en voz alta y como si fuese tuya propia.

Si eres predicador, ¿de qué manera podrías usar algunos de los versículos de este salmo para animar a tu congregación a clamar a Dios cuando surjan problemas y, a la vez, desafiarlos a proseguir hacia la meta y perseverar con fe? ¿Qué ejemplos bíblicos podrías usar para que este punto cobre vida?

Quinta parte

La renovación personal y la Palabra de vida

Salmo 119.153–160

La renovación personal y la Palabra de vida

Introducción a la quinta parte

«No debería estar aquí» son palabras que dicen delante de las cámaras de televisión algunas personas comunes y corrientes que se hallan disfrutando de algún partido de fútbol o un agasajo familiar o alguna otra actividad cotidiana luego de haber sanado de la enfermedad del cáncer. Lo que quieren decir es que, si no hubiese sido por el tratamiento que les salvó la vida, ya estarían muertos. No deberían estar aquí, pero sí lo están, porque aquel tratamiento les ha dado una nueva e inesperada oportunidad de vivir. La publicidad termina con un conmovedor llamado a compartir con los demás el regalo de la vida contribuyendo a la lucha contra el cáncer.

Nos aferramos a la vida y a veces sentimos con desesperación la necesidad de refrescar y renovarla, protegerla y prolongarla. Sin duda alguna, de esto se trata el sentir del autor del salmo.

Cuando empecé a estudiar el salmo 119 con mayor profundidad, me llamó la atención la frecuencia con la que aparece este tema. El salmo tiene 22 secciones, de las cuales, en 11 y no menos de 14 veces en total, el salmista clama: «Dame vida», que a veces se traduce como «revíveme», «vivifícame», «devuélveme mi vida», «perdona mi vida» o «déjame vivir». En la mayoría de los casos son distintas maneras de expresar una sola exclamación dramática hebrea: «¡hayyeni!». Su significado literal es *¡hazme vivir!* o *¡dame vida!* Es un clamor que crece en intensidad y se repite más a menudo hacia el final del salmo y, de hecho, es casi la oración final, en el penúltimo versículo.

Haz una pausa y lee los siguientes versículos. Léelos en voz alta si es posible, uno tras otro, para que sientas su efecto combinado y la fuerza de las emociones que se expresan en este ruego.

> Trata con bondad a este siervo tuyo;
>> así viviré y obedeceré tu palabra. (v. 17)

> Postrado estoy en el polvo;
>> dame vida conforme a tu palabra. (v. 25)

> Aparta mi vista de cosas vanas,
>> dame vida conforme a tu palabra. (v. 37)

> ¡Yo amo tus preceptos!
>> ¡Dame vida conforme a tu justicia! (v. 40)

> Este es mi consuelo en medio del dolor:
>> que tu promesa me da vida. (v. 50)

> Que venga tu compasión a darme vida,
>> porque en tu ley me regocijo. (v. 77)

> SEÑOR, es mucho lo que he sufrido;
>> dame vida conforme a tu palabra. (v. 107)

> Sostenme conforme a tu promesa, y viviré;
>> no defraudes mis esperanzas. (v. 116)

> Tus estatutos son siempre justos;
>> dame entendimiento para poder vivir. (v. 144)

> Conforme a tu gran amor, escucha mi voz;
>> conforme a tus juicios, SEÑOR, dame vida.
>>> (v. 149)

> Defiende mi causa, rescátame;
>> dame vida conforme a tu promesa. (v. 154)

> Grande es, SEÑOR, tu compasión;
>> dame vida conforme a tus juicios. (v. 156)

> Mira, SEÑOR, cuánto amo tus preceptos;
>> conforme a tu gran amor, dame vida. (v. 159)

> Déjame vivir para alabarte;
>> que vengan tus juicios a ayudarme. (v. 175)

En primer lugar, ¿has notado cuántas veces se mencionan situaciones de amenaza o dificultad como algo «contrario a la vida»? En la experiencia del salmista, la depresión, el agotamiento, la tentación, la hostilidad y el sufrimiento, todos estos elementos causan que «muera un poco». En el capítulo 11 analizaremos estas *amenazas a la vida*.

En segundo lugar, observa que, cuando el salmista le pide al Señor que renueve su vida, a menudo su clamor se sustenta en algo relacionado con Dios: su carácter (su justicia, su compasión, su amor) o su Palabra (su ley, sus promesas). Analizaremos estas *fuentes de vida* en el capítulo 12.

En tercer lugar, vale la pena notar que a veces el salmista «alienta» a Dios a que renueve su vida (la del autor del salmo) y le ofrece algunas sugerencias respecto a lo que sucedería si así lo hiciera. Es obvio que, de ello, obtendría la renovación de sus fuerzas, el consuelo y la esperanza. Por su parte, Dios obtendría una renovada obediencia y una mayor adoración de parte de la vida renovada del poeta. Con esto daremos fin a nuestras reflexiones en torno al sorprendente legado de este salmista.

Capítulo 11

Las amenazas a la vida

Objetivo: Identificar y reconocer hechos o situaciones que pueden amenazar a nuestras vidas más de lo que pensamos.

Tema central

En el capítulo 8 vimos algunas de las luchas que enfrentaba el salmista; ahora notamos que él destaca varios hechos o situaciones que representan una mayor amenaza a la vida que cree que él debería disfrutar de parte de Dios. Puede que estos no sean literalmente fatales, pero lo están debilitando y extinguiendo. Están estropeando la alegría de vivir que el Señor quiere que tengamos. En el salmo 119, el escritor menciona tres hechos o situaciones en particular que ve como amenazas a la vida en este sentido: la *depresión*, el *egoísmo* y la *hostilidad*.

Lee: salmo 119.25–40

Versículo clave: salmo 119.37

Estructura
1. La amenaza de la depresión y el agotamiento (vv. 25, 28)
2. La amenaza de la obsesión egoísta por cosas sin valor (vv. 36–37)
3. La amenaza del sufrimiento y la hostilidad (vv. 50, 107, 154)

Muchos hechos o situaciones en la vida son letales. Es decir, son contrarios a la vida, la estropean y consumen. Por supuesto, el gran elemento contrario a la vida es el pecado, según lo hemos conocido desde el jardín del Edén. Allí Dios les advirtió a Adán y Eva que si comían del fruto del árbol que les había dicho que no comiesen, «ciertamente morirían» (Gn 2.17). Cuando desobedecieron, les dijo: «… polvo eres y al polvo volverás» (Gn 3.19). Pablo se basa en esta historia cuando dice que, por medio del pecado, entró la muerte en la vida humana y la historia. Así que el pecado es la fuente suprema de la muerte. Pero ello no significa que todo lo que amenaza a nuestro gozo de la vida es el resultado de nuestro propio pecado. A veces se debe al simple hecho de que vivimos en un mundo caído, pecaminoso, lleno de muerte. Aunque estemos vivos en este mundo, vivimos en medio de la muerte, amenazados e invadidos por ella y sus precursores: las cosas que nos roban la abundancia de la vida que Dios nos ha legado.

Escribí este capítulo mientras me reunía con un grupo de obreros, misioneros en una región difícil de África. Una de esas personas me contó sobre sus luchas. Su compromiso de servir en Chad durante diecisiete años le había pasado factura a su salud y sufría episodios de fatiga crónica. Amaba al Señor y a su Palabra. También le encantaba su trabajo, pero la carga era demasiada. Estaba sobrecargada de trabajo y abrumada por tratar de cumplir con las expectativas de los demás. Su agotamiento produjo aridez de espíritu, depresión, sentimientos de culpabilidad y temor a recaer en una enfermedad debilitante. Oramos juntos para que Dios renovara y restaurara su vida. La oración de este salmista coincide exactamente con el anhelo que ella expresaba.

1. La amenaza de la depresión y el agotamiento (vv. 25, 28)

> Postrado estoy en el polvo;
>> dame vida conforme a tu palabra. (v. 25)

> De angustia se me derrite el alma;
>> susténtame conforme a tu palabra. (v. 28)

El salmista habla de estar «postrado en el polvo», de encontrarse completamente agotado y desgastado. El «polvo», por supuesto, alude al polvo de la muerte en Génesis 3.19. Vemos que el maestro de Eclesiastés lo usa de la misma manera y que termina su meditación poética sobre la muerte hablando del polvo al que todos volvemos (Ec 12.7), pero el escritor del salmo 119 siente que ya está comiendo polvo. Su vida está reseca y marchita. Así se sienten las personas cuando están profundamente deprimidas.

Claro que la depresión puede ser relativamente leve. Cuando, por alguna razón, la vida no marcha bien, podemos sentirnos miserables por todo o por un hecho específico. Sin embargo, es probable que el salmista se refiera a algo más que a un caso ligero que dura tan solo unos días. Sabemos que la depresión severa es una experiencia horrible y aterradora. Su causa puede deberse al estrés prolongado, las presiones emocionales, los traumas no resueltos, las relaciones destruidas, los duelos y otros factores a veces difíciles de explicar, aunque también puede tener una dimensión física y es probable que se convierta en una enfermedad clínica grave. Es posible que algunos de nosotros la hayamos padecido, y quienes tenemos familiares o amigos que sufren de depresión seria sabemos de lo atroz que puede ser.

Una de las situaciones sobre las que he escuchado con frecuencia de parte de quienes sufren episodios periódicos de depresión coincide precisamente con lo que parece estar diciendo este salmista: no vale la pena seguir viviendo. Con la depresión se agota el sentido de vivir. Ya no hay alegría ni esperanza, ni siquiera en los placeres más simples que forman parte de la vida cotidiana. Las comidas favoritas pierden su sabor. Todo parece estar bajo una nube gris carente de esperanza. La depresión, en ese sentido, destruye vidas. No hay que estar físicamente muerto para sentirse como si uno lo estuviera. Con la depresión, la muerte vulnera la vida. Los creyentes no son inmunes a ella. A veces incluso las personas más piadosas, más comprometidas, llenas del Espíritu de Dios, que viven vidas semejantes a la de Cristo y al servicio de Dios, se hallan como este salmista: «postrados en el polvo». No es debido a que carezcan de fe ni porque no oren lo suficiente; tampoco se nos ocurriría decir esto del salmista.

No se nos dice si el salmista sufre de alguna enfermedad, de algún pecado, de agotamiento u hostilidad. Sea lo que fuere, ¿has notado los síntomas? Pérdida de todo sentido del tiempo y de la razón de ser, dolor interno, pérdida del apetito y de peso, pérdida de amigos, pérdida del sueño…

Desde aquellas profundidades brota el grito: «¡Señor, devuélveme la vida!».

- Si necesitas hablar con alguien sobre los temas que se han planteado aquí, puedes recurrir a un amigo cercano o a un consejero cristiano. Como alternativa, lee el salmo 102.1–11 y trata de identificarte con la experiencia del salmista. El encabezado de ese salmo lo describe así: «Oración de un afligido que, a punto de desfallecer, da rienda suelta a su lamento ante el SEÑOR». Intenta captar los sentimientos del salmista y reescribe este pasaje usando tus propias palabras.
- Si sueles predicar pasajes como estos, ten en cuenta que es muy probable que tengas oyentes en tu congregación que estén sufriendo de depresión, ya sea que te lo hayan comunicado o no (muchos de los que sufren de depresión son muy hábiles para ocultarla). Como pastor, sé cuidadoso y sensible con tus palabras.

2. La amenaza de la obsesión egoísta por cosas sin valor (vv. 36–37)

Lo segundo que el salmista presenta delante de Dios para pedirle que lo libere de ello es la obsesión por las cosas sin valor que, tanto como la depresión, amenaza la vida y está contaminada por la muerte. El poeta reconoce que la tentación suele comenzar por lo que vemos y luego empezamos a codiciarlo. Por ello, en los siguientes versículos le pide al Señor que aparte sus ojos de las tentaciones y que mantenga su corazón (o su mente, en términos hebreos) centrado en Él:

> Inclina mi corazón hacia tus estatutos
>   y no hacia las ganancias desmedidas.

Aparta mi vista de cosas vanas,
dame vida conforme a tu palabra. (vv. 36–37)

El salmista tiene el suficiente criterio como para darse cuenta de que cuando nos concentramos en nuestros propios deseos, obsesionados por la ambición, la codicia y el lucro, en realidad logramos el efecto contrario. En vez de ganar algo, lo perdemos todo. En lugar de alcanzar una vida mejor, corremos el riesgo de perder la vida que tenemos.

Jesús nos advirtió: «… donde esté tu tesoro, allí estará también tu corazón» (Mt 6.21); también: «¿De qué sirve ganar el mundo entero si se pierde la vida? ¿O qué se puede dar a cambio de la vida?» (Mt 16.26). El salmista, consciente de este peligro, al menos en cierta medida, ruega a Dios para que lo guarde de obsesionarse con cosas que le pueden consumir la vida, que prometen vida, pero llevan a la muerte.

Las «ganancias desmedidas» y las «cosas vanas» abarcan muchas posibilidades. Una de ellas, de las más peligrosas, es ciertamente la riqueza material. Jesús nos dio una de sus advertencias más agudas al respecto: «¡Tengan cuidado! Absténganse de toda avaricia; la vida de una persona no depende de la abundancia de sus bienes» (Lc 12.15).

También debemos recordar el encuentro de Jesús con el joven rico, que de hecho le pidió a Jesús, así como este salmista, la receta para la vida eterna. El hombre quería pertenecer a los redimidos y justos de Dios que resucitarían en el día final, los que heredarían la vida de la era venidera, la nueva vida del reino de Dios de la que Jesús hablaba, y Él le respondió. Entre otras cosas, dio en el clavo respecto al asunto que se interponía en la vida del joven rico para que heredase la vida eterna. Eran negocios con la muerte. Era su obsesión por su riqueza personal y su negativa a renunciar a ella para seguir a Jesús. Lo trágico de esta historia es que, habiéndosele señalado el camino de la vida, el joven rico se dio media vuelta y se fue triste por el camino de la muerte (Mt 19.16–22). No quiso permitir que Jesús hiciera lo que este salmista pidió en oración: que apartara su corazón de la ganancia desmedida y las cosas vanas para que así renovara su vida según la palabra del Señor.

- ¿De qué manera las «cosas vanas» se constituyen enemigas de la vida? ¿De qué modo las «ganancias desmedidas» son contrarias a la voluntad de Dios?
- ¿Hay cosas en tu vida que podrían describirse como «cosas vanas» o «ganancias desmedidas»? Debemos tener cuidado de diferenciar aquellas cosas del esparcimiento y los placeres corrientes con los que Dios nos bendice y nos invita a disfrutar. ¿Qué significa para ti que reconozcas la amenaza que presentan tales cosas para el propósito de Dios en tu vida?

3. La amenaza del sufrimiento y la hostilidad (vv. 50, 107, 154)

El tercer conjunto de circunstancias que amenazan la vida, del que nos enteramos cuando el salmista ruega a Dios que preserve o renueve su vida, es el sufrimiento; especialmente, creo yo, el sufrimiento que nace de la hostilidad, la oposición o la crítica de los demás.

> Este es mi consuelo en medio del dolor:
> que tu promesa me da vida. (v. 50)

> Señor, es mucho lo que he sufrido;
> dame vida conforme a tu palabra. (v. 107)

> Defiende mi causa, rescátame;
> dame vida conforme a tu promesa. (v. 154)

El tercer versículo es el que nos da la pista. «Rescátame» no significa que el salmista esté pidiendo perdón personal por su propio pecado. No, más bien está solicitando que Dios lo rescate de los ataques de los demás. Lo que necesita es liberación, que alguien defienda su causa y saque la cara por él. Esto sugiere que el sufrimiento que se expresa en los versículos 50 y 107 tenía una causa parecida a las situaciones que vimos en el capítulo 8; es decir, la persistente hostilidad y oposición que esta persona soportaba por ocupar un cargo público y tratar de cumplirlo. Y el salmista clama a Dios pidiendo que no solo lo consuele, defienda y redima, sino también que preserve su vida. Está siendo acosado a tal punto que corre riesgo de muerte. La constante hostilidad le está aplastando la vida.

Vivir con el dolor interno de la depresión puede ser mortífero. También puede serlo vivir con el dolor externo de la crítica, la oposición y la hostilidad constantes. Muchos cristianos viven con oposición e incluso persecución, ya sea por parte de su familia no cristiana, de sus colegas o de las autoridades políticas. Aun dentro de la misma iglesia cristiana, tristemente, hay gente que sin ton ni son les hace la vida imposible a sus pastores y dirigentes. Es una situación que puede carcomer el alma, aplastar la vida y causar la muerte.

Puede que hayas pasado por esa experiencia. De haber sido así, sabes algo del oscuro entumecimiento que produce la crítica constante que nos estruja la vida y la alegría. Si has tenido esta experiencia, los salmos 55 y 56 fueron escritos para estas situaciones. Probablemente ha habido momentos en los que has anhelado, como el salmista, tener las alas de una paloma para volar lejos y dejar todo eso atrás (Sal 55.6–8), y han existido otros en los que la mejor opción ha sido aferrarse de manera empecinada a la gran afirmación del salmo 56.11.

> … confío en Dios y no siento miedo.
> ¿Qué puede hacerme un simple mortal?

O quizás te encuentres entre los que reparten críticas incesantes. Si ese es el caso, quisiera instarte a que lo hagas con cautela, no importa cuán justificados se sientan tú y tus amigos respecto a sus quejas y su oposición. Ten cuidado. Tal vez lo hagas con las mejores intenciones del mundo. En todo caso, si tienes quejas, asegúrate de presentarlas como si lo hicieras delante del Señor, reflejando su Espíritu de gracia y compasión. Si tienes que «hablar la verdad con amor» (este, tristemente, es otro versículo mal usado), asegúrate de que lo que tengas que decir sea constructivo y no destructivo; que sirva de aliento en lugar de mermar la vida. Es común ver que se critique a los pastores hasta su devastación. No seas uno de los que la causen.

- Así como el salmista, ruega a Dios: «Señor, dame vida conforme a tu palabra». Reconoce que esta renovación quizá también necesite que te arrepientas, que renueves tu entrega a Dios y hagas uso de tu voluntad (ver el capítulo 6).

- ¿Has sentido o experimentado oposición a tu predicación? Piensa con cuidado respecto a las posibles razones. ¿Será porque efectivamente estás explicando y aplicando la Palabra de Dios, y a la gente sencillamente no le agrada? ¿O será porque estás constantemente recurriendo a tus propias opiniones y temas favoritos? Si es lo primero, tendrás que orar algunos de los versículos de este salmo.

Para mayor investigación

Lee: 2 Corintios 4.11–12.

¿Cuáles son algunas de las maneras en que podemos ver que la muerte «actúa en nosotros» y en el mundo que nos rodea? ¿Cómo debemos responder frente a este mundo moribundo y en decadencia?

¿Tienes algún texto bíblico favorito al que acudes cuando enfrentas problemas y conflictos? La Biblia contiene palabras maravillosas de aliento. Lee Isaías 55.6–13 y permite que te alienten estas palabras de alabanza y agradecimiento a nuestro Dios a pesar de tus circunstancias o dificultades presentes.

Para reflexionar

Vivimos en un mundo donde a nuestras vidas las invaden constantemente cosas con hedor a muerte, esto es, muerte emocional, espiritual y psicológica, aun cuando no sean una amenaza para nuestras vidas físicas. Al igual que el salmista, necesitamos identificarlas, nombrarlas, ubicarlas en el lugar vergonzoso al que pertenecen y recurrir al dominio que el Dios de la vida ejerce sobre ellas.

¿Qué crees que podría estar carcomiendo tu vida? Quizá sea algún pecado sin confesar (ver Sal 32) o tal vez la testarudez, el orgullo o la autocompasión. Quizá sea la desobediencia o alguna relación vergonzosa. Sea lo que fuere, debes reconocer que pone tu vida en peligro. Recurre a la plegaria del salmista: «Señor, renueva y restaura mi vida, y permíteme vivirla plenamente para ti».

Capítulo 12

Fuentes de vida

Objetivo: Recordar cuál es el verdadero significado de la renovación y de dónde surge.

Tema central

Cuando el salmista necesitaba una respuesta al problema del pecado, sabía dónde buscarla: en Dios mismo y solo allí (ver el capítulo 7). Del mismo modo, cuando era consciente de situaciones que de alguna manera amenazaban su vida (ver el capítulo 11), sabía dónde encontrar la única fuente verdadera de vida: en el Señor. Y así en todos los versículos donde pide vida, basaba su petición en el carácter de Dios y en su Palabra. Lo mismo sucede con nosotros. Gracias a quién es Dios y a lo que ha dicho, podemos recurrir a Él por su don de una vida renovada.

Lee: salmo 119.169–176

Versículo clave: salmo 119.175

Estructura
1. El carácter de Dios (vv. 40, 77, 159)
    a. La justicia de Dios (v. 40)
    b. La compasión de Dios (v. 77)
    c. El amor de Dios (v. 159)

    2. Las palabras de Dios (vv. 25, 37, 50, 107, 116, 149, 154, 156)
       a. «Tu palabra» (vv. 25, 37, 107)
       b. «Tu promesa» (vv. 50, 116, 154)
       c. «Tus juicios» (vv. 149, 156)
    3. La renovación y sus efectos (vv. 17, 175)
       a. La obediencia
       b. La adoración
       c. La renovación

«Soy Martín, estoy aquí, y estoy vivo», dijo una persona al comienzo de un tiempo para compartir durante la conferencia en África que mencioné en el capítulo anterior. Su testimonio fue el siguiente: si bien era obvio que estaba con vida y de pie delante de nosotros, no era un hecho que él o nosotros hubiésemos podido dar por sentado. Luego de un incendio provocado, Dios lo había salvado de una electrocución accidental que pudo haber sido fatal. Además, su vida emocional, que había colapsado hacía alrededor de un año debido a una combinación de factores personales y las tensiones de la vida misionera, había sido restaurada por la gracia de Dios. Él le había devuelto la vida. Así que dimos gracias al Señor junto con Martín por su fidelidad y su tierno cuidado, por la misericordia de sus ángeles que envía en tiempos de necesidad y, sobre todo, por su Palabra, que infunde vida.

1. El carácter de Dios (vv. 40, 77, 159)

El salmista sabía que la razón por la que confiadamente podía pedirle vida a Dios era el carácter del Señor. Así que, en este salmo se enfoca en tres aspectos del carácter de Dios: su justicia, su compasión y su amor.

a. La justicia de Dios (v. 40)

    ¡Yo amo tus preceptos!
      ¡Dame vida conforme a tu justicia! (v. 40)

El versículo 40 puede sorprendernos porque tendemos a pensar en la justicia de Dios en términos de juicio, ira y castigo. Jamás saldremos bien parados si nos medimos por su justicia, y entonces tendemos a pensar que es como una vara de medir que será usada para azotarnos. Martín Lutero escribió que él solía pensar de esta manera, y por eso le desconcertaba la declaración de Pablo de que la justicia de Dios se revela en el evangelio (Ro 1.17). En la ley, sí, pero ¿en el evangelio?

Si bien es cierto que el juicio de Dios contra los pecadores es el resultado de su carácter justo, en el Antiguo Testamento la justicia de Dios se relaciona más frecuentemente con su salvación que con su ira. Si te parece difícil de creer, abre una concordancia y busca todas las instancias en que las palabras «justo» o «justicia» se aplican a Dios. El Señor (*Yahvé*) es el Dios que reivindica, libera, salva y rescata a las personas. Es decir, los saca de una situación adversa o equivocada y rectifica su condición, y esto es lo que quiere decir «hacer justicia». Así, como dice Isaías 45.21, Él es «Dios justo y Salvador». Esto no significa que «Dios es justo y, a pesar de ello, a veces también la hace un poco de salvador». Las dos frases son paralelas; básicamente significan lo mismo. El Señor es Dios justo; *por lo tanto*, es el que salva a su pueblo del pecado y la esclavitud.

En el Antiguo Testamento, la justicia de Dios significa que Él se encuentra activo rectificando las cosas. Rectificar las cosas implica identificar y castigar a los que se encuentran haciendo lo malo, así como reivindicar y restituir a quienes están siendo agraviados; es decir, a los inocentes si se trata de una demanda, o a los oprimidos si es una situación de injusticia. Para estos últimos, sería como recuperar la vida. Para alguien que falsamente ha sido acusado de cometer un delito que merece la pena capital, literalmente significaría que se le perdona la vida.

Ahora podemos entender mejor por qué el salmista apela a la justicia de Dios cuando le pide que preserve su vida. No le dice: «Sálvame Dios porque *soy justo* o debido a que merezco tu favor o porque puedo reclamar tu atención por haberme ganado tu bendición». No, su ruego es «Sálvame Dios, pero solo *porque tú eres justo*. Tú eres el Dios cuyos actos justos de salvación y liberación son parte de nuestra historia nacional. Tu justicia es la buena noticia en la que se fundamenta mi esperanza de vivir».

Sabemos, por supuesto, que a la luz del Nuevo Testamento la justicia salvadora de Dios hizo su aparición definitiva en la cruz. Como explica Pablo en Romanos, el sacrificio de Cristo fue simultáneamente el juicio justo de Dios sobre el pecado y su justicia salvadora para los pecadores. Es por ello que podemos decir:

> A la verdad, no me avergüenzo del evangelio, pues es poder de Dios para la salvación de todos los que creen: de los judíos primeramente, pero también de los gentiles. De hecho, en el evangelio se revela la justicia que proviene de Dios, la cual es por fe de principio a fin, tal como está escrito: «El justo vivirá por la fe». (Ro 1.16–17).

A Martín Lutero le llevó algún tiempo entender esta verdad. Pero comenzó a comprenderla mientras enseñaba un curso sobre los Salmos en la Universidad de Wittenberg, donde enseñó durante muchos años antes de convertirse en el famoso reformador. Cuando estaba enseñando los Salmos comenzó a entender que «la justicia de Dios» significa su justicia salvadora. Desde esta perspectiva, el desconcertante texto de Romanos llegó a tener todo el sentido del mundo. Su lectura de los Salmos lo condujo a su gran recuperación de la verdad respecto a la justificación por la gracia por medio de la fe.

• •

Para entender más respecto a la justicia de Dios, lee y medita en los siguientes pasajes de los Salmos:

Salmo 35.24–28
- ¿Cuál piensas que es el trasfondo de esta petición?
- ¿Qué significa para el salmista que Dios obrará a su favor según su justicia?
- ¿Qué significa para los que lo atacan?

Salmo 37.5–10
- Se trata no tanto de una petición como de una celebración. ¿Qué palabras utiliza el autor con paralelismo poético?
- A la luz del versículo 10, ¿es posible contrastar y contraponer el amor de Dios y su justicia? ¿Por qué lo hacemos a veces?

Salmo 40.9–10

- El salmista dice que «ha dado a conocer tu justicia». ¿Qué crees que quiere decir con ello? A la luz de todos estos textos, ¿cómo predicarías acerca de la justicia de Dios?

b. La compasión de Dios (v. 77)

> Que venga tu compasión a darme vida,
>> porque en tu ley me regocijo. (v. 77)

En español decimos que «hemos entregado nuestros corazones al Señor», pero en algunas lenguas africanas dicen: «hemos entregado nuestros vientres al Señor»; es decir, el vientre simboliza el centro del ser. Para los hebreos, la fuente de las emociones estaba aún más abajo, en las entrañas. Ahí es donde realmente se sentían las cosas, especialmente la pena y la simpatía. La palabra hebrea que se traduce como «compasión» en el versículo 77 se refiere a aquella profunda emoción que se siente «en las entrañas». Ahí es donde Dios siente su lástima y su compasión por nosotros. Es el movimiento interior de sus tiernos y compasivos sentimientos por los necesitados.

Como vimos en la parte 3, la «compasión» se cuenta entre las credenciales características de Dios en el Antiguo Testamento. Es parte de la esencia de su identidad personal. Lo escuchó Moisés por primera vez desde la hendidura de una roca cuando Dios le dio a conocer su nombre:

> Pasando delante de él, proclamó: «El Señor, el Señor, Dios
> clemente y compasivo, lento para la ira y grande en amor
> y fidelidad, que mantiene su amor hasta mil generaciones
> después, y que perdona la iniquidad, la rebelión y el pecado;
> pero que no deja sin castigo al culpable». (Éx 34.6–7)

En el capítulo 7 vimos cuánto significaba para el autor del salmo la compasión y la gracia de Dios en relación con el pecado. Aquí se vuelve parte de lo que busca en la vida. Esta es la espiritualidad que nutrió a nuestro salmista. Él quería vida, así que corrió tras la compasión de Dios, y nos alienta a hacer lo mismo.

- El salmo 103 también relaciona la compasión de Dios con el don de la vida, en toda su plenitud. Es probable que lo conozcas bien. Pero ahora léelo despacio, saboreando las bendiciones que enriquecen la vida en los versículos 1–5, el vínculo con la justicia en los versículos 6–7, el eco de Éxodo 34.6 en el versículo 8, y la comparación con la compasión de los padres en el versículo 13.

c. El amor de Dios (v. 159)

> Mira, Señor, cuánto amo tus preceptos;
> conforme a tu gran amor, dame vida. (v. 159)

Aquí se usan dos palabras hebreas distintas. En español ambas se traducen como «amor», y las dos pueden referirse tanto a humanos como a Dios. *Jesed* («tu amor») significa amor fiel, amor del pacto, lealtad a la entrega de una relación. También es una de las características identitarias de Yahvé, tanto así que el salmo 136 lo repite 26 veces, porque cada versículo incluye el estribillo: «Su amor perdura para siempre» (literalmente, «para la eternidad es su *jesed*»).

El salmista desea la vida, y entonces apela al amor de Dios, porque el amor es vivificante, otorga vida. Sabemos que ello sucede aun en las relaciones humanas comunes y corrientes. Cuando alguien nos ama, ¡la vida es mejor! Hay personas que, por haber sido amadas, literalmente han vuelto a la vida y a la salud. El amor es lo que sostiene y revive a las personas, lo que las levanta de las profundidades de la angustia y el dolor. ¿Cuántas grandes novelas y películas exaltan esta verdad? El amor comprometido es la fuente de todo lo que hace que valga la pena vivir.

¿Cuánto más cierto es, entonces, que el amor de Dios nos da vida? De hecho, el salmo 63.3 ubica al amor de Dios por encima de la vida misma.

> Tu amor es mejor que la vida;
> por eso mis labios te alabarán.

El amor de Dios es la esencia del evangelio. El amor de Dios trae vida eterna, porque «tanto amó Dios al mundo que dio a su Hijo unigénito, para que todo el que cree en él no se pierda, sino que tenga vida eterna» (Jn 3.16). Cuando nuestro salmista anhela que Dios le dé vida o que lo renueve y lo restaure o que preserve su vida, no solo busca que dirija su atención a la terrible situación en la que está. No solo le dice: «Mírame, Dios». Más bien le dice: «Señor, dame vida por causa de lo que eres. Tú eres el Dios justo, compasivo y amoroso. Ese es tu carácter. Y sobre este fundamento es que te pido que derrames tu propia vida en la mía. ¡Dame vida!»

¿Dónde vas cuando sabes que necesitas renovar y refrescar tu vida? ¿Dónde vas cuando quieres buscar la vida? ¿A los libros? ¿A las conferencias? ¿A algún complejo vacacional cristiano? ¿A cursos o retiros especiales? ¿A la última técnica espiritual?

¿Has probado buscarla en Dios?

Cuando pruebes buscarla en Dios, asegúrate de que a quien busques sea el Dios de la Biblia y no algún producto de tu propia imaginación o alguna receta exitosa de mercadotecnia para la buena vida (espiritualmente hablando, por supuesto). No. Busca a este Dios, al Señor Dios, al Dios viviente de las Escrituras, al Dios de la justicia, la compasión y el amor.

- El salmo 119 vincula la renovación de la vida con la justicia, la compasión y el amor de Dios. ¿Qué otras características o atributos de Dios añadirías a esta lista? Trata de apoyar tus respuestas con pasajes bíblicos específicos.

- Si eres predicador, ¿con qué frecuencia predicas a partir de textos bíblicos que enseñen estas grandes verdades respecto a Dios mismo? Podemos sentir la tentación a predicar principalmente sobre textos que *nos* alienten a hacer cosas como a arrepentirnos, a confiar, a ser más honestos o a lo que sea. Sin embargo, las personas encuentran consuelo y esperanza, es decir, la vida misma, cuando descubren y conocen las profundas verdades bíblicas acerca de la justicia, la compasión y el amor del Dios viviente.

2. Las palabras de Dios (vv. 25, 37, 50, 107, 116, 149, 154, 156)

De los catorce versículos en los que el salmista le pide al Señor que renueve su vida o lo deje vivir,[7] ocho vinculan la petición con alguna dimensión de la Palabra de Dios mediante la frase «conforme a…» seguida de alguna de sus expresiones favoritas que se refieren a la Palabra de Dios.[8] Cuando el salmista le pide vida al Señor, lo hace conforme a la *Palabra* de Dios (tres veces), la *promesa* de Dios (tres veces) y los *juicios* de Dios (dos veces). Analizaremos cada una de ellas.

a. «Tu palabra» (vv. 25, 37, 107)

Cada uno de los siguientes tres versículos se refiere a una experiencia de amenaza distinta, pero todos ofrecen una única solución: la Palabra de Dios.

> Postrado estoy en el polvo;
>> dame vida conforme a tu palabra. (v. 25)

> Aparta mi vista de cosas vanas,
>> dame vida conforme a tu palabra. (v. 37)

> Señor, es mucho lo que he sufrido;
>> dame vida conforme a tu palabra. (v. 107)

Cuando hablamos de la Palabra de Dios, normalmente nos referimos a los libros del Antiguo y del Nuevo Testamento, que en conjunto llamamos Biblia. Los creyentes del primero, por supuesto, solo tenían algunos fragmentos de él, dependiendo de la época en que se encontraban. Sin embargo, amaban y honraban las Escrituras que tenían (como lo demuestra este salmista) y también sabían un par de asuntos acerca de la Palabra de Dios en un sentido más amplio y profundo.

En particular, relacionaban la Palabra de Dios con su poder en la creación. Por supuesto que sabemos esto por el primer capítulo de la

---

7 Citados todos en la «Introducción a la quinta parte», página 131, ss.

8 Ver la página 14 de la «Introducción» del libro, donde aparecen las ocho expresiones en hebreo que usa el salmo 119.

Biblia, donde el Señor habló y sucedieron varios hechos. El salmista se deleita en ello.

> Por la palabra del Señor fueron creados los cielos,
>   y por el soplo de su boca, las estrellas.
> Él recoge en un cántaro el agua de los mares,
>   y junta en vasijas los océanos.
> Tema toda la tierra al Señor;
>   hónrenlo todos los pueblos del mundo;
> porque él habló, y todo fue creado;
>   dio una orden, y todo quedó firme. (Sal 33.6–9)

Es fácil llegar a estar tan familiarizados con la enseñanza bíblica sobre la creación que dejamos de asombrarnos ante la increíble escala de lo que afirma este hermoso poema. Todo lo que hay en el universo, desde las ecuaciones que gobiernan las galaxias hasta la estupenda complejidad de la información que contiene el ADN de cada célula de nuestro cuerpo, llegó a existir y es sostenido día a día por la Palabra de Dios. ¿Y las estrellas del universo? El soplo de su boca. ¿Y las aguas de los mares? Dios las recoge en un cántaro. ¿Y todo el planeta Tierra? Está aquí solo porque Dios dio la orden de que existiese.

Entonces, si la Palabra de Dios es la fuente de toda la vida, en cualquier parte del universo, no es de extrañar que el salmista considere que ella es el mejor lugar a donde ir cuando necesita vida. Se debe recurrir al Dios viviente, y la vida se encuentra en su Palabra viva, tal como escribió Charles Wesley en su himno *Mil voces para celebrar* (en inglés, *O for a thousand tongues*):

> «Él habla y al oír su voz,
>   el muerto vivirá».

* * *

- ¿Qué tiene la Palabra de Dios que la hace fuente de la vida en circunstancias difíciles?
- ¿Puedes tú o alguien de tu grupo compartir algún testimonio de oraciones como la del salmista que hayan sido contestadas mediante la Palabra de Dios?

- Si eres predicador, ¿necesitas renovar tu confianza en la Palabra de Dios como dadora de vida? Ruega al Señor que avive su Palabra mientras la estudias con el fin de que puedas usarla para llevar vida a los demás.

b. «Tu promesa» (vv. 50, 116, 154)

Los versículos que se citan a continuación vinculan el deseo de vida del salmista con la promesa de Dios. En cada caso, observa lo que el salmista desea específicamente, es decir, lo que cree que las promesas del Señor le darán.

> Este es mi consuelo en medio del dolor:
> que tu promesa me da vida. (v. 50)

> Sostenme conforme a tu promesa, y viviré;
> no defraudes mis esperanzas. (v. 116)

> Defiende mi causa, rescátame;
> dame vida conforme a tu promesa. (v. 154)

El consuelo, la esperanza y el rescate (o la salvación) son las palabras claves: el consuelo en medio del sufrimiento, la esperanza en momentos de debilidad, el rescate de algún ataque inmisericorde. El salmista apela a las promesas de Dios en circunstancias como estas. Allí es donde encontrará vida cuando enfrente luchas como estas.

- Conocemos bien las muchas y preciosas promesas que leemos en el Nuevo Testamento, pero ¿cuáles son las promesas específicas que habría conocido este creyente del Antiguo Testamento?

c. «Tus juicios» (vv. 149, 156)

Podemos entender que Dios da vida por medio de su Palabra y de sus promesas, pero ¿hemos pensado en pedirle vida al Señor «conforme a sus juicios»? Presta atención a lo que aparece en paralelo con «tus juicios» en cada uno de los siguientes versículos.

> Conforme a tu gran amor, escucha mi voz;
> conforme a tus juicios, SEÑOR, dame vida. (v. 149)

> Grande es, SEÑOR, tu compasión;
> dame vida conforme a tus juicios. (v. 156)

La razón por la que puede resultar desconcertante es que, en el fondo de nuestras mentes, oímos los ecos de las severas afirmaciones del apóstol Pablo en Romanos y Gálatas respecto a cómo la ley trae condenación y muerte. Pero es importante ver lo que el apóstol escribió en el contexto del conflicto teológico que lo enfrentaba con quienes habían convertido la ley en una carga. Para aquellas personas, guardar la ley era la marca definitiva de su participación en el pueblo con el que Dios había pactado, y servía como el perímetro que excluía a todos los no judíos. Pablo mismo había vivido así, como dice en Filipenses 3.1–6, pero ahora había encontrado la justicia y la salvación por medio de la fe en Cristo. El requisito principal era la fe, no la ley. ¡Pero aquello también era cierto en el Antiguo Testamento! La disputa de Pablo no era con este en sí, sino con aquellos que lo habían distorsionado hasta convertirlo en un sistema desconectado de su verdadera esencia: la relación con Dios por medio de la fe en su promesa y la confianza en su gracia.

Debemos recordar que el salmo 119 y todos los demás salmos que exaltan la ley de Dios (por ejemplo, el 1 y el 19) forman parte de las Escrituras que Pablo conocía y apreciaba. Él creía en lo que este salmista creía, y sin duda habría deseado y podido orar la oración de los versículos que acabamos de citar.

Entonces, ¿por qué el salmista pide vida «conforme a tus juicios»? ¿Qué había en la ley que diera vida? Bueno, presta atención otra vez a las dos palabras que él relaciona con la ley de Dios: el amor y la compasión. ¿Dónde aprendieron los israelitas sobre el amor y la compasión de Dios? De sus historias, claro que sí, pero también de las leyes que Dios les había dado. En muchas de ellas, se les ordenaba que mostraran amor y compasión hacia el prójimo. De esta manera habrían de imitar a Dios mismo. Por ejemplo, la ley les ordenaba mostrar compasión (y, a veces, compasión que salvaba vidas) hacia grupos específicos, como esclavos refugiados (Dt 23.15–16), deudores pobres (Dt 15.7–11; 24.6, 10–13), trabajadores pobres (Dt 24.14–15), los sin tierra y sin familia (Dt 14.28–29; 24.19–22), los que tenían alguna discapacidad (Lv 19.14) y los extranjeros (Éx 23.9; Lv 19.33–34).

¿Por qué debían comportarse así? Porque estos eran «los caminos del Señor». Yahvé era el Dios compasivo, y trató a los necesitados con amor y justicia. El autor del salmo 146.7–9 conocía muy bien todo esto, y lo sabía por las leyes como las que mencionamos en el párrafo anterior. Dios se las dio a los israelitas como modelo:

> Porque el SEÑOR tu Dios es Dios de dioses y Señor de señores; él es el gran Dios, poderoso y terrible, que no actúa con parcialidad ni acepta sobornos. Él defiende la causa del huérfano y de la viuda, y muestra su amor por el extranjero, proveyéndole ropa y alimentos. Así mismo debes tú mostrar amor por los extranjeros, porque también tú fuiste extranjero en Egipto. (Dt 10.17–19)

El Señor les dijo a los israelitas que les había dado su ley para preservar y mejorar sus vidas. Obedecerla les haría bien y les daría larga vida en la tierra prometida. Deuteronomio repite esta afirmación muchas veces. Tanto así que Moisés, al convocar a los israelitas a que obedecieran la ley de Dios cuando entrasen en la tierra, les dijo que estaban frente a una decisión de vida o muerte.

> Hoy pongo al cielo y a la tierra por testigos contra ti, de que te he dado a elegir entre la vida y la muerte, entre la bendición y la maldición. Elige, pues, la vida, para que vivan tú y tus descendientes. Ama al SEÑOR tu Dios, obedécelo y sé fiel a él, porque de él depende tu vida, y por él vivirás mucho tiempo en el territorio que juró dar a tus antepasados Abraham, Isaac y Jacob. (Dt 30.19–20)

Ahora podemos ver por qué el salmista vincula su pedido de vida con la ley de Dios. En efecto, nos dice: «Señor, quiero que restaures mi vida, y sé por tu ley que ello es lo que tú también quieres. Tu ley me dice que eres el Dios que cuida de los pobres, los necesitados y los extranjeros. Y eso es lo que soy, lo que siento en este momento.

Entonces, Señor, te ruego que renueves y protejas mi vida, tal como afirmas en tus leyes».

Una y otra vez vemos que esta persona encuentra en la Biblia todo lo que necesita. Es allí donde aprende acerca de Dios, de su carácter y de sus caminos, de sus palabras, sus promesas y sus leyes. Con razón le pide al Señor que lo ayude a actuar conforme a las Escrituras, que tan bien conoce. Es un ejemplo que deberíamos seguir mucho más de lo que en realidad hacemos. El salmista pide que Dios renueve su vida, y nos alienta a hacer lo mismo y a buscarlo en la misma fuente.

- Éxodo 34.6–8 resuena como campana a lo largo del Antiguo Testamento. Lee cada uno de los siguientes pasajes donde esto ocurre. Presta atención al contexto y al trasfondo de cada uno, y cuánto de esta verdad respecto a su Dios disfrutaban y confiaban los creyentes del Antiguo Testamento: Números 14.18; Nehemías 9.17; salmo 86.15; salmo 145.8; Joel 2.13; Jonás 4.2.
- ¿Conoces algún pasaje del Nuevo Testamento que exprese la misma verdad, con distintas palabras, y en el contexto de la cruz?

3. La renovación y sus efectos (vv. 17, 175)

Si volvemos a leer la lista de 14 versículos en los que el autor del salmo ruega a Dios por la renovación de su vida, veremos que a veces añade una palabra de «motivación» para que el Señor responda a su oración. Algo sucederá si tan solo Dios le devuelve la vida. Para el salmista es bastante obvio qué ocurrirá. Ya lo hemos visto. Recibirá consuelo en medio del dolor, esperanza para sostenerlo, fortaleza para seguir adelante, fuerzas para enfrentar el sufrimiento y la hostilidad. Sabemos de estos beneficios. Podemos identificarnos con el salmista.

¿Pero qué gana Dios con todo ello? ¿Qué conseguirá si responde a la oración de esta persona y le da una nueva oportunidad para vivir o si protege su vida del peligro que lo amenaza? Lee otra vez la primera y la última petición de esta lista de catorce oraciones. Nota lo que el autor del salmo se compromete a hacer en caso de que el Señor le permita vivir.

> Trata con bondad a este siervo tuyo;
>> así viviré y obedeceré tu palabra. (v. 17)

> Déjame vivir para alabarte;
>> que vengan tus juicios a ayudarme. (v. 175)

Se destacan dos elementos: la obediencia y la alabanza. De hecho, vale la pena notar que la primera vez que el salmista le pide vida a Dios es para que reciba su obediencia; y la última (en el penúltimo versículo del salmo) para ofrecerle todas sus alabanzas. Hay algo muy saludable en ello. Nos llama la atención la manera en que contrasta con cualquier negociación egocéntrica, como la que se halla en la esencia de la «teología de la prosperidad».

a. *La obediencia*

¿Por qué debería Dios ser bueno conmigo y dejarme vivir? Para que yo pueda proseguir hacia la meta haciendo lo que Él quiere que se haga. ¿Qué otra razón habría para que, siendo pecadores, seamos devueltos a la vida para disfrutarla si no es para alcanzar la plenitud de nuestras vidas, amando, sirviendo y obedeciendo a nuestro Creador y Salvador? En la fe del Antiguo Testamento hay un maravilloso y dinámico ciclo de vida que se puede apreciar a lo largo de la ley y, especialmente, de los salmos. La bendición de Dios nos da vida. Vivir en obediencia es una respuesta a su gracia y su bendición. Y ello nos conduce a más bendición, que a su vez nos lleva a una obediencia revitalizada. Todo fluye de la gracia, por la gratitud, para que seamos obedientes y, de regreso a la bendición, a fin de proseguir hacia la gloria y el agrado de Dios.

- Lee Deuteronomio 30.19–20, un pasaje que el salmista bien puede haber tenido en mente. ¿Qué significa en tu propia vida cotidiana (o en la de los miembros del grupo) «elegir la vida» y reconocer que «el Señor es tu vida»?

b. La adoración

Hacia el final de este salmo, en el que hemos encontrado tantos lamentos, tantas luchas, sufrimientos y agotamiento, encontramos un anhelo de vivir a fin de que Dios pueda ser alabado.

Podemos notar la presencia de una fe anterior a la resurrección. A los creyentes del Antiguo Testamento no les faltaba un creciente sentido de que Dios tenía dominio sobre la muerte y que la relación que tenían con Él no sería destruida por ella. Sin embargo, la perspectiva que tenían de su existencia sucedía en el presente, en esta tierra que Dios había creado. Por esta razón, el salmista le pide: «Señor, si yo muero, ¿quién te va a alabar? ¿Mis huesos? ¿El polvo? Creo que no mucho, así que, ¡permíteme vivir para que pueda alabarte mientras tenga vida y aliento!». La misma perspectiva se refleja en la súplica por la vida que aparece en el salmo 30.9.

> ¿Qué ganas tú con que yo muera,
> con que descienda yo al sepulcro?
> ¿Acaso el polvo te alabará
> o proclamará tu verdad?

Aunque la nota final del salmo expresa alabanza, el versículo final delata que no es una alegría desmedida. Esta persona todavía se siente como una oveja perdida, en necesidad de que Dios la encuentre y la traiga de regreso.

Conviene volver a recordar que en la Biblia la alabanza es más que pura alegría; de hecho, puede seguir funcionando con la aparente ausencia de gozo. No es algo que hacemos cuando no tenemos problemas ni es una forma de escaparnos de estos; la efectuamos en medio de ellos. Algo que me disgusta de ciertas maneras de adoración es cuando el que la dirige nos dice: «Dejemos todas las cosas que han estado en nuestras mentes causándonos molestias antes de que llegásemos a la iglesia. Olvidémonos de ellas y acerquémonos a la presencia de Dios y alabemos al Señor». Pero ¿qué se logra con ello? Solo significa que hemos creído haber estado alabando a Dios para luego volver a nuestros problemas. Estos nos esperan en la puerta de la iglesia; los recogemos cuando salimos, pero no los presentamos ante la presencia de Dios. Los salmistas no hacen ello. Presentan todo delante del Señor y a veces los arrojan delante de Él, a quien desafían a hacer algo al respecto y le preguntan cuánto tiempo tienen que esperar. Y ello también es adoración, porque están reconociendo la realidad, la presencia y el poder de Dios, y presentan *toda su vida* ante Él.

Así que este salmista no dice: «Señor, restaura mi vida y todos viviremos felices para siempre». La vida no es un cuento de hadas. No. Más bien dice: «Señor, restaura mi vida y te alabaré con todo mi ser, aun cuando me sienta como una oveja perdida, cuando la vida se ponga difícil, cuando yo me pregunte dónde estás y en qué momento intervendrás».

c. La renovación

La palabra «renovación» es en la actualidad un término que se usa en exceso, a veces desarraigado de su significado y sus raíces bíblicas. En algunos ámbitos parece describir una especie de narcisismo espiritual. «¡Miren lo bendecidos y renovados que somos! Ustedes pueden tener la misma renovación que hemos experimentado, pero solo si hacen lo que hacemos nosotros». Las personas quieren renovación y bendición, pero quizá no estén dispuestas a vivir vidas obedientes en alabanza a Dios, aun en medio de sus luchas, tal como hizo este salmista. Sin embargo, no hay duda de que la renovación sin obediencia es una farsa. Asimismo, la renovación sin una alabanza sincera a Dios con la vida entera no es más que idolatría egocéntrica.

- Si le pedimos a Dios una vida renovada, ¿qué impacto debería tener en nosotros?, ¿qué significará esto en la práctica cuando terminemos este estudio de la Biblia y regresemos a nuestras «vidas cotidianas»?

Para mayor investigación
Lee: Isaías 40.28–31.
Se nos dice que «los que confían en el SEÑOR» (40.31) renovarán sus fuerzas. ¿Qué significa confiar en el Señor? ¿De qué manera afecta ello nuestras luchas y dificultades?

Para reflexionar

Haz tú mismo o con tu grupo una lista de promesas del Antiguo Testamento que nos dan consuelo, esperanza y protección de parte de Dios para nuestras vidas. Te ofrecemos algunos ejemplos:

- Josué 1.5
- Salmo 23
- Isaías 43.1–2
- Jeremías 29.11
- Daniel 3.16–18

Agrega otras más y aprovecha del poder vivificante que tienen para tu situación en particular.

Conclusión

Hemos recorrido un largo camino en compañía del autor de este maravilloso salmo.

- Nos ha impresionado su profunda entrega a la Palabra de Dios y a las eternas verdades morales que contiene, y nos ha desafiado con la fuerza y la pasión de su perspectiva bíblica.
- Hemos sido testigos de su anhelo para que el Señor lo guíe y le permita andar por el camino de Dios, hallando su luz y aprendiendo de su Palabra.
- Nos hemos identificado con su aguda conciencia del pecado y los horrendos estragos que este causa en la vida humana. Hemos compartido su anhelo de evitar el pecado y de encontrar en el Señor la única respuesta por medio de su gracia misericordiosa.
- Hemos percibido algunas de las luchas por las que atravesaba, externas e internas, y hemos oído sus lamentos y protestas. Hemos reconocido que estas son palabras que no solo nos hablan (como Palabra de Dios), sino que también a menudo hablan por nosotros.
- Y hemos escuchado su repetido anhelo por la vida misma, aquella vida abundante, renovada y restaurada, que solo el Señor puede dar, gracias a su carácter y a lo que ha dicho.

Para terminar, valdría la pena que leamos la parte final de este gran poema, en voz alta y pausadamente, porque aquí vuelven a aflorar muchos de los temas de este salmo.

> Que llegue mi clamor a tu presencia;
>> dame entendimiento, Señor, conforme a tu palabra.

> Que llegue a tu presencia mi súplica;
>> líbrame, conforme a tu promesa.
> Que rebosen mis labios de alabanza,
>> porque tú me enseñas tus decretos.
> Que entone mi lengua un cántico a tu palabra,
>> pues todos tus mandamientos son justos.
> Que acuda tu mano en mi ayuda,
>> porque he escogido tus preceptos.
> Yo, Señor, ansío tu salvación.
>> Tu ley es mi regocijo.
> Déjame vivir para alabarte;
>> que vengan tus juicios a ayudarme.
> Cual oveja perdida me he extraviado;
>> ven en busca de tu siervo,
>> porque no he olvidado tus mandamientos.
>> (vv. 169–176)

Mientras meditamos sobre la oración final del salmista en el último versículo, ¿cierto que es un gran consuelo saber que, a fin de cuentas, como al final de este salmo, es responsabilidad del pastor encontrar a las ovejas perdidas, y no la responsabilidad de las ovejas encontrar al pastor?

Ruego al Señor que Él mismo nos busque y encuentre a cada uno de nosotros, mientras nosotros lo buscamos, y buscamos su Palabra y su voluntad para nuestras vidas.

Sociedad Langham

La Sociedad Langham es una comunidad mundial que trabaja con el ánimo de cumplir la visión que Dios encomendó a su fundador, John Stott, consistente en:

facilitar el crecimiento de la iglesia en madurez y en semejanza a Cristo, elevando los niveles de predicación y enseñanza bíblica.

Nuestra visión es ver que las iglesias del mundo mayoritario estén equipadas para la misión y creciendo hacia la madurez en Cristo a través del ministerio de sus pastores y líderes, quienes creen, enseñan y viven por la Palabra de Dios.

Nuestra misión es fortalecer el ministerio de la Palabra de Dios:

- fortaleciendo movimientos nacionales de predicación bíblica;
- favoreciendo la creación y distribución de literatura evangélica; y
- elevando el nivel de la educación teológica evangélica, especialmente en países donde las iglesias carecen de recursos.

Nuestro ministerio

Langham Predicación se asocia con líderes nacionales que estimulan movimientos locales de predicación bíblica para pastores y predicadores laicos en el mundo entero. Con el apoyo de un equipo de capacitadores provenientes de diversos países, se desarrolla un programa de seminarios a diversos niveles que proveen capacitación práctica, al cual le sigue un programa que busca formar facilitadores locales. Los grupos locales de predicación (escuelas de expositores) y las redes nacionales y regionales se encargan de dar continuidad a los programas e impulsar su desarrollo ulterior con el fin de construir un movimiento vigoroso comprometido con la exposición bíblica.

Literatura Langham provee a los pastores, seminarios y académicos del mundo mayoritario libros evangélicos y recursos electrónicos mediante becas, descuentos y mecanismos de distribución. El programa también auspicia la producción de literatura evangélica para pastores en diversos idiomas a través de talleres para escritores y editores, respaldo a la tarea literaria, traducciones, fortalecimiento de las casas editoriales evangélicas e inversiones en proyectos regionales de literatura, tales como el *Comentario Bíblico Contemporáneo*.

Langham Becas provee apoyo financiero para estudiantes evangélicos a nivel doctoral provenientes del mundo mayoritario, de tal manera que, una vez que regresen a sus países, puedan capacitar pastores y a otros líderes cristianos brindándoles una sólida formación bíblica y teológica. Éste es un programa que equipa a quienes van a equipar a otros. *Langham Becas* trabaja igualmente con seminarios del mundo mayoritario fortaleciendo su educación teológica. Un número creciente de académicos de *Langham Becas* estudia en programas doctorales de alta calidad en reconocidos centros del mundo mayoritario. Además de formar a la siguiente generación de pastores, los graduados de *Langham Becas* ejercen una influencia significativa a través de sus escritos y su liderazgo.

Para obtener más información sobre la *Sociedad Langham* y el trabajo que desarrollamos visítenos en www.langham.org.